木ひっこぬいてたら、家もらった。

平田　提

目次

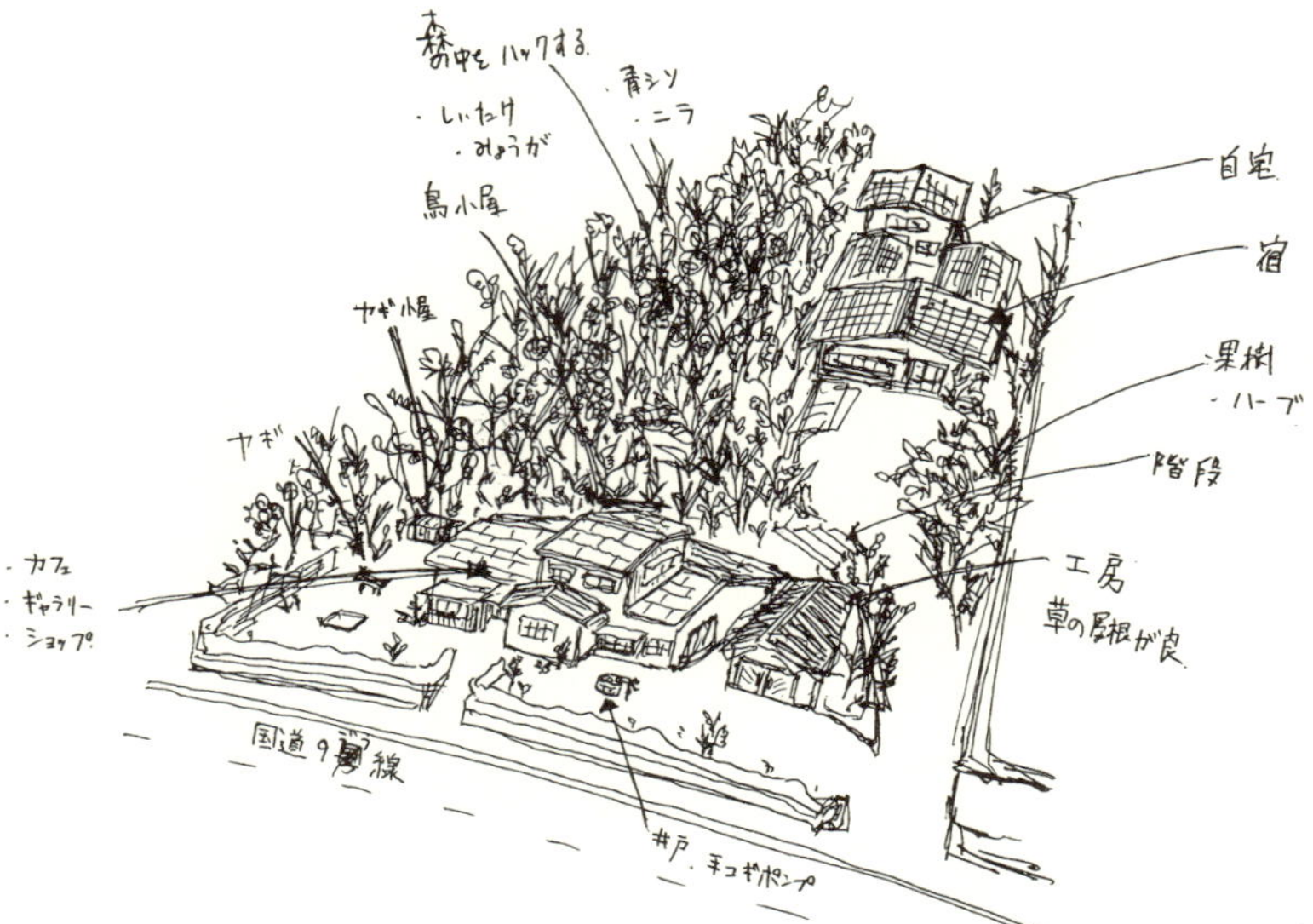
森の中をハックする
・しいたけ
・みょうが
・青シソ
・ニラ
鳥小屋
ヤギ小屋
ヤギ
自宅
宿
果樹
・ハーブ
階段
工房
草の屋根が良
・カフェ
・ギャラリー
・ショップ
国道9号線
井戸、手こぎポンプ

はじめに

「木の根を引っこ抜いていたら、家をもらったんです」

ひげをなでながら足立さんが語ったその話に、僕は強く引かれた。昔話の『わらしべ長者』のようなできごとはなぜ起こったのか？

足立繁幸《あだちしげゆき》さんは妻の桃子さんと、一言では形容しがたいお店「ガサキベース」を営む。阪急電鉄神戸線の園田駅からバスと徒歩で十分程度。使われなくなった工場をリノベーションした空間にはリメイク家具やＤＩＹのパーツが並び、落ち着いた照明の下でコーヒーやカレーがいただける。足立さんたちが住む二階はレンタルスペースとしても利用可能だ。さらに足立夫妻は兵庫県の里親制度に登録し、子どもの養育や一時預かりを続けている。

ガサキベースを訪れるお客さんの目的のほとんどは、足立さんと話すことだろう。

「お店を開きたいけれど、コストを下げるためにＤＩＹのやり方を教えてほしい」

足立さんはそんな話を聞き、時に現場に出向いて手を動かし、つくり方を教える。あるいは、子どもの育て方や仕事のやり方などについて話す。

尼崎で十年続いたガサキベースを二〇二五年四月に閉めて、足立さんは故郷の島根に戻るという。「木引っこ抜いてたら家をもらった」話は、島根で起きたできごとだが、足立さんの小さいころからの経験と尼崎のガサキベースでの積み重ねがあったからこそ起こったといえる。

『わらしべ長者』みたいなできごとはなぜ起こった?

二〇二三年の夏。まず最初に一軒、ガサキベースによく来る、ある人が「島根にあるうちの物件、割と広いので有効に使ってほしい」と譲ってくれたらしい。

その方は島根から尼崎に移り、ご家族の介護などで実家に何度か帰る機会があったが、それ以降は七年近く使わずそのままになっていたそうだ。

島根県・江津（ごうつ）市の、国道九号線沿いにあるその家は木々に覆われて外から姿が見えなくなっていた。

足立さんによれば、庭の植物が伸びに伸びて隣の保安林と合体し、さながらジャングルのようだったという。足立さんたちは草刈り機でツルを刈り、木を切り倒し、ツルハシやオノを使って木を引っこ抜いた。想像するだけで気が遠くなりそうな作業だ。

「ご近所の人からしたら『兵庫から来た人たちが、非合理なことをやってる！』って感覚なんですよ。普通だったら、ユンボなり重機で伐採するようなことを手でやっているわけです。国道沿いで人通りがけっこうあるから、作業をしているうちに有名になっちゃって。やがて地元の議員さんが来て『裏のお宅も紹介したい』と引き合わせてくれた。もともと空き家バンクに登録できないか相談されていたみたいで。裏のお宅の持ち主は『有効に使ってくれるんだったら無償で使っていい』と。最初に譲ってもらった家と合わせて、結局三百坪ぐらいになりました」

機械で土地をならしていたら「また駐車場かマンションになるのか」と想像してしまう。そこを足立さんが手で木を引っこ抜いていたからこそ人が集まって、土地も広がった。人間も動物なので、手で何かやっていると「なんだなんだ」と見に集まるのではないだろうか。人の作業風景が人を動かすのだ。

なぜ空き家が増えるのか

令和五年の総務省による調査「住宅・土地統計調査」によれば、全国六五〇二万戸のうち、約九〇〇万戸が空き家だという。その原因の多くは高齢化・少子化と、建物の老朽化。単身高齢者が亡くなったあと、相続人が不明だったり、遠方に住んでいたりして空き家になるケースもある。住みたい人と空き家をマッチングさせるサービス「空き家バンク」へ登録するには所有者や相続人が明らかで、物件がそのまま活用できるか小規模の修繕で済ませられる必要があるらしい。

足立さんが譲り受けた一軒目も二軒目も同じで、相続された方が遠方にいたり事情があったりして住めずにそのまま空き家になっていた。庭の木は生え放題、壁が剥《は》がれたり、床が抜けていたりする。二軒目は比較的きれいな状態だったが、残されたモノであふれかえっていたそうだ。「有効に活用するなら」ということで二軒とも、所有者や相続人の方が足立さんに譲られた。足立さん夫妻は、繁幸さんの故郷である島根に帰って事業をやろうとしていたから、まさに両者の思いが一致したわけだ。

経済合理性って何だ？

足立さんは機械でなく手で木を引っこ抜く行為を「非合理と思われた」と言う。しかし、足立さんたちにとっては、家を改装するのに木が邪魔だったから取り除いたわけで、それは合理的だ。

暮らすために仕方なく、必要だからすることだ。そこには「ここで生きたい」という思いのベクトルが存在する。

足立さんは手前の家をカフェやギャラリー、ショップに。奥の家を自宅兼宿屋にしようとしている。さらに作業用の工房やヤギ小屋、鶏小屋をつくり、畑や果樹園もつくる。そこに人がゆるやかに集まり、繋がる風景が生まれることを望んでいるのだ。

当たり前だが、家は人が住むためにある。お金や手間の問題だけではなく、人がそこに暮らす風景を続けてほしいからこそ、元の家の持ち主たちは足立さんに家を譲ったのではないかと思う。

「経済合理性」というと、「コストパフォーマンス」「投資対効果」といった言葉を連想するかもしれない。

「経済」はもともと「経世済民（民を救い、世を治める）」が語源にある。福澤諭吉が英語の「economy」を日本語に翻訳する際に「経済」をあてた説があるが、このeconomyはもともとギリシャ語の「Oikonomia＝家政、家族や家財を取り仕切ること」から来ている。元をたどれば神学者テルトゥリアヌスにより「Oikos＝家」「Nomos＝法律・摂理」を繋げてつくられた言葉。これがキリスト教の普及に伴い、より広い概念となった。

経済の大元には「家」や「家族」「人をたすける」という意味合いがある。だとすると「そこで暮らすために邪魔な木を引っこ抜くこと」には経済合理性がある、と言っていいのではないか。「有効に使ってくれそうな、家を探している人に空き家を譲る」も同じだろう。だがほとんどの人は「経済」をお金にまつわることだけでとらえているように思う。

実際、僕もそうだった。

疲弊の果てのDIY BOOKS

足立さんと僕との出会いについて話そう。

僕、平田提《ひらただい》は文を書いたりウェブメディアをつくったりする仕事をしている。長く会社員を経験した結果、会社勤めが向いていないことに気づいてウェブ編集者・ライターとして独立、法人化した。最初は食えなかったが、上司の視線を気にせず好きな仕事をやれる自由を感じて幸せだった。

やがて結局は取引先の方が上司よりも気を遣わなければならないのだ、と気がついた。一方、たくさん外注してたくさん案件を受ければ、売上と利益は拡大していく事実にも。

それを試した結果、確かに部分的に豊かにはなったが、心と身体は疲弊していった。

外注がクソどうでもいい仕事＝ブルシットジョブと疲労を生み出す、と僕は考えている。

確かに誰かに代わりをしてもらえれば楽だし、その分、他のことができる。自分が得意でない仕事はお金を払ってでも誰かにやってもらった方が良いかもしれない。

ただ、それにより自分で何かをなし得た達成感や、生きている実感を手放しているようにも思える。人生はＤＩＹ（もしくはＤＩＭ＝ＤＯ ＩＴ ＭＹＳＥＬＦ）なのに、外注してしまっているから。

スクリーンの見過ぎで目は疲れるし、肩凝《こ》りと腰痛もひどい。アナログがいい。リモートの連絡のやりとりですれ違いが増えてしんどくなる。二〇一九年以降は新型コロナウイルスの影響でローカルのつきあいも増えた。ローカルでアナログな仕事の方が、生きている実感が得られるんじゃないか。そして小さくても自分の表現を人に届け続けられたら。

そのとき僕が思い出したのが、十年以上前、誰にも頼まれずにつくっていた「ＺＩＮＥ《ジン》」という、小さな出版物の存在だ。儲けも何も考えず、表現したいようにつくる。それこそが楽しく、生きている実感があった。ＺＩＮＥに表現することで自分が好きなものに細かく気がつけるようになる。そういう人が町に増えたら、自分や家族が過ごす上でも安心に思えた。孔版印刷機リソグラフを置いて、自分で印刷できるようにもしたい。

それでいてもたってもいられず、物件を契約してつくろうとしたのが「ＤＩＹ ＢＯＯＫＳ」だった。本を売る本屋ではなく、お客さんがつくる本屋。つくり方をシェアして、書く人やつくる人を増やしたい。そう思っても店づくりの知識もなければ、何から始めれば良いかも分からない。

そこでいろんな人を訪ねた。神奈川県・妙蓮寺にある「本屋・生活綴方」、兵庫県尼崎市の当時創業七十年以上の町の本屋「小林書店」や、尼崎市主宰の「みんなの尼崎大学」の相談室などに相談していく過程で出会ったのが、ガサキベースの足立さんだった。

ガサキベースを訪れて足立さんに相談すると、ＤＩＹを快く手伝ってくれるという。僕の店の一階にはキャスターのついた平台、両側の壁には本棚を置きたい。二階の畳は外して杉板で埋める。そう相談すると、足立さんはささっと設計図を書いてくれ、材木を調達して段取りをつけ、一緒に物件を見て、やれること・やれないことを整理してくれた。

全体の工程管理を設計士さんに、工務店の大工さんたちに解体と基礎のつくり直しを依頼する。壁の漆喰やペンキ塗りの作業は、尼崎市の相談室で声をかけた人たちがボランティアで協力してくれた。僕はペンキも漆喰も塗るのが初めてだった。

漆喰を塗るときはまずコテ板を持ち、反対の手で漆喰を手前から奥にコテでこそげ取り、下から上の方向に塗りつける。文章で書くのは簡単だが、実際の作業はびっくりするほど大変だ。ドロドロした漆喰は重力に従って下に落ちようとする。最初に足立さんにやり方をさっと教わってやってみるが、ボタボタと漆喰はどんどん床に落ちていくし、塗れたとしてもでこぼこしたり薄すぎたり。悪戦苦闘するも、なかなか上手くならない。

「もう無理だ」という僕の気持ちを察してか、足立さんが目の前でもう一度塗り直して教えてくれる。さっさっと塗り進められていくスピードも美しさも、当たり前だけど僕のものとは全然違う。

漆喰もペンキ塗りも、床のオイル塗りもいろいろな人の協力で終えることができた。何より、足立さんのおかげで。

尼崎の地域環境計画研究所の代表・若狭健作さんは足立さんについてこう話す。若狭さんは「尼崎大学」の運営に関わり、足立さんとは杭瀬中市場の古本屋「二号店」などで一緒にＤＩＹ作業をしてきた。

「彼がすごいのは、サポートをするプロだということ。こらえ性がある。だって、自分でやった方がはやいわけです。そうしたらはやく帰れるし、別の案件もできるのに、やらない。それは、彼がガサキベースの仕事を『ジョブ』じゃなくて『ワーク』ととらえているからだと思う。待つ時間が大切だと考えて、実際それでいて、ちゃんと工期は間に合う」

「ジョブ」は日銭を稼ぐ職業としての仕事で、「ワーク」は、何か目的があって行う生業《なりわい》のような仕事を指す。確かに足立さんの仕事は「ワーク」だろう。足立さんはそれまでＤＩＹできなかった人が試行錯誤する姿を見て待ち、限界が来るまで手伝わない。それは効率という言葉では解釈できない、在り方の問題ではないか。

人生はＤＩＹでしかない

足立さんのおかげで、僕はＤＩＹ ＢＯＯＫＳをつくることができた。今では自分のインパクトドライバーを買って、困ったらなるべく自分で棚を直したり新しい什器《じゅうき》をつくったりしている。

ＤＩＹを曲がりなりにも意識するようになって「どうも自分は外注しすぎておかしく

なってしまったんじゃないか」と思うようになった。全部を自分でやろうとしてもパンクしてしまう。ただ、自分でできるところは自分でやれないか。少し考えてみる時間を持てないものか。もしかしたら同じ悩みをあなたも持っているかもしれない。

自分の人生はＤＩＹするしかない。人生を分解したら、日々の暮らしがある。仕事がある。料理・掃除・洗濯・育児……それにまつわるモノ。お米や野菜・肉・ホウキ・衣類・オムツ……そういうものはほとんど自分ではつくらず、買うことが多いだろう。あるいは家の壁紙が破れたり、フローリングを張り替えたりするとなったら業者を呼ぶことがほとんどではないか。

かつては、少なくとも歴史の授業で知るような縄文時代には、人は黒曜石を割って削って槍や弓矢をつくり、狩りをして暮らした。動物の骨や皮、木を組み、わらを編んで家をつくり、土を焼いて土器をつくった。稲を植えて米を収穫する。そこから倉庫で保存するようになって「余剰」が生まれ、貧富の差ができたり、争いを治めるために政治が行われたりするようになった……らしい。

昔は「つくる」「食べる」「暮らす」が一緒だったはずだ。家族の団らんも、同じ家をつくり、畑を耕し、火を囲むなかにあった。歌や祭りも、ハレの日も。今更その時代に戻ろう、とは言えない。僕だって縄文や弥生時代の暮らしをいきなりはできない。

ただ自分の手で稲作をしなくなり、暮らしのなかでつくる機会が少なくなったことが、どうも今の生きづらさに繋がっているように思えてならない。

つくることは現在に対してしかあり得ないし、自分に跳ね返ってくる行為だ。壁に塗っている最中に漆喰が顔に飛び散るような意味でもそうだし、その冷たさや感触、できばえもそうだ。暮らしして実感する効果や、抱く感想もそう。つくることで人間は生きる実感を得られる。つくることはモノや人、自分への愛を自然に表現できるものでもあるんじゃないかと思う。

少なくとも、自分の子どもたちには生きのびるための術《すべ》を伝えて死んでいきたい。自分でやること＝ＤＩＹはスキルでもあるけれど、考え方でもある。自分で生活を組み立て、自分で稼いだり人の役に立てたりできれば、なんとかなる。子どもたちにはそうあってほしい。

足立さんと二人でペンキを塗っていたとき、こういう話をずっとしていた。それは僕だけではなく、足立さんが関わって生まれてきた風景のそばには、そんな会話があったはずだ。

足立さんと出会って、確かに僕は変わった。そんな人たちの話もたくさん聞いた。生きづらさを抱える人たちに、あるいはこれから大人になる人たちに、生きのびるためのＤＩＹについての話を残したいと思った。そしてどうして「木引っこ抜いてたら家をもらった」のか、探っていきたい。それがこの本をつくる動機だ。

十年の活動を経て、二〇二五年四月、ガサキベースは終わる。それからしばらくして、足立さん夫妻は島根に移るという。

ブルシットジョブに疲れた人にとって、足立さんたちの暮らしは遠いどこかで行われる話に感じられるかもしれない。でもＤＩＹは「いま、ここ」で始められることだ。どこに行っても、そこで根を張り、できること。

そのためのヒントを、これから足立さんとの対話を通して届けていこうと思う。

ガサキベース＝「オムツの履き替え場所」

ガサキベースで土曜日にコーヒーを淹れている、中本翔平さんはガサキベースを「オムツの履き替えの場所のよう」と話してくれた。なんとも面白い表現だが、ためにためた思いを排泄するように吐き出して、スッキリして帰って行く人が多いという。どうしてこういう場所が開かれるようになったのだろうか。

――改めて、ガサキベースってどういう場所なんでしょうか？

足立　これが、まともに答えるのが難しいんですよね（笑）。僕は工務店や建築の仕事に就いたことはありませんが、中学校ぐらいのころからモノをつくるのが好きでした。ガサキベースはそういう店主にＤＩＹの相談をしに来られる、寺子屋的なスペースでしょうか。ＤＩＹのハードルを低くしていろんな人が日常的に行えるようにしたい。たとえばお父ちゃん・お母ちゃんが普段から壁が剥がれたらペンキを塗る姿を子どもが見て、分かるようになるといいな、と。

――メディアなどで紹介されるときはガサキベース＝「リメイク家具やＤＩＹパーツのショップ・レンタルスペース」と出てきますよね。最初からそんな形式だったんでしょうか。

足立　在り方は変わり続けていますね。ガサキベースは二〇一四年に前身となる会社の一つの企画として始まりました。

うちの看板には「グッドパーツ・アンド・ヒントマーケット」って書いてあるんです。「ヒント」に一番思いがこもってるけど、目立ってないですね。

――ヒントというのはどういうヒントですか？

足立　小売店に行ったら商品がいっぱい並んでいるじゃないですか。売る方は「これが売れる」とリサーチして置く。マーケティングありきというか。「でもお店の在り方ってそれだけじゃないよな」ってずっと思っていて。

今の時代、すべてを学んでから初めてやろうとする人が多いように思うんです。まずググってから、やる。そうじゃなくて、ヒントを与えられるお店になれないかなって思ったんです。「ＤＩＹの手伝いをするよ」なんてお店、そもそも見たことがないけど、そうやって自分でつくって答えを探さないことにはＤＩＹにはなりようがない。

たとえば丸いイスをつくろうと思ったとき、必ず正円でないといけないわけじゃない。たとえば四角形や六角形の角をどんどん落としていった末に、丸に近づいていく……ってやり方でもいい。「普通」の答えなんかないんですよ。他の誰かじゃない、自分自身の生活のことでしょって思う。

パーツもそう。ガチガチに使用用途が決まっているものばかりじゃないし、Ａに使うパーツがＢにたまたま合ったっていい。そうやって探し続けるのが大事。

――ヒントを与える場所にしたいという思いはどこから来たんですか？

足立　店を続けていくうちに思うようになったんです。ＤＩＹって白紙に自由に描く発想でやるものなのに、あらかじめ決められた答えを埋めていくような「マークシート感覚」のＤＩＹがメディアには溢れている。もっと柔軟性があっていい。何より、自分が一番そういう店を欲していたんです。ホームセンターとは真逆というか。
以前、ホームセンターで店員さんに「このネジの代わりになるものはありますか?」って聞いたら「型番を教えてください」って返されたことがありました。そもそも何が代わりになるか分からないんだから、型番が分かるはずもない。そういう対応じゃなくて、もっと経験から来る答えを返すというか、しっかり人間として話をしてＤＩＹのサポートがしたいと思ったんです。

――確かに型番で探すだけなら、検索エンジンやＡＩのような仕事になってしまうかもしれない。

足立　そうですね。だからガサキベースを始めた十年前は、動物っぽさを求めていたところがある。人間らしさを取り戻すというか。グリッド上で整理されてカクカクした、人間っぽくないモノで世の中が溢れているような気がしたんです。もっと動物っぽい、なめらかな自由曲線を描く考え方の方が楽しい。
そうやってイスやベッドを作るためのヒントをまき散らして、想像力を持った大人たちがＤＩＹをしていたら、それを見た子どもたちも自分で考えてつくれるようになるんじゃないか。まずは大人のヒントになるようなことがしたいと思ったんですね。

――ＤＩＹ ＢＯＯＫＳを始める前、僕は何かに取り憑かれたように「この物件を契約しよう」と思ったんですけど、最初はどこに連絡すればいいのか、工務店や設計事務所は何をやっているのか、その違いも分からない。人づてに足立さんを紹介いただいたんですが、ＤＩＹを手伝ってくれる人って、こんな心強い存在は他にないんですよね。当初の予定より内装にお金がかかってしまったので、あとから「ここもＤＩＹでやればよかった」って思ってしまう。ＤＩＹすれば素材や工具の費用だけで済む。そんな単純なことに、ＤＩＹをして初めて気づくわけです。足立さんはそういう考え方を開花させてくれる人ですけど、そもそも「ＤＩＹを手伝ってくれる人」っていう場所が他にあまりないですよね？

足立　そうですね。ちょっとした矛盾でもありますから。ＤＩＹを他人がやるっていう。

――親鳥が雛を巣立たせるように、足立さんがＤＩＹを教えてくれる。

足立　でも売り切りのサービスだから、平田さんが壁に棚をつけられるようになったら、僕を次に呼ばないですよね。そういう観点で見れば損かもしれない。

――一部の自己啓発本やビジネス本なんかには、「あんまりお客を育てすぎるな」とか書いている。育てすぎちゃったら次に呼ばれないから。顧客の気持ちを満足させるのがサービスだと。でも足立さんは逆ですよね。どうしてそうなったんでしょうか？

足立　会社を退職して、単純な営利目的でなくてよくなったころからでしょうか。例えば平田さんが棚をつけられるようになったとしても、僕が残した断片は残る。平田さんが誰かにやり方を伝えるとか。すぐ近くじゃなくて遠くにボールを投げて繋いでいくように仕事をして、なんとか生き残れないだろうかっていう実験でもあります。結果的になんとなくそれで十年ぐらいは生きながらえることができている。その反響はお金だけじゃなくて、おむすびなのかもしれない。何かしらで返ってきて生き延びられちゃっているんですよね。

僕は「こういう風景が街中にあったらいいなあ」というのを活動の中でつくっているのかもしれない。たとえいまこの町が爆撃に遭って焼け野原になっても、ＤＩＹできる大人たちが再構築できるようになる。その時に札束をちらつかせても直せるわけがないですから。ＤＩＹを通じて何かをやってみようとする人が増えたらいい。ＤＩＹのスキルがある人はひとりでに体が動くはず。愛している人を風から守ってやりたい、とかたちにすることができる。そういう大人が増えたらいい。子どもはその背中を見て育つ。それが望ましいな、と思います。

焼け野原のあとの、島根で

「ＤＩＹ」という言葉は、第二次大戦後のロンドンで生まれたとされている。焼け野原になった、荒れ果てた町の復興を自分たちの手で行おうという、いわばスローガンだ。そこには暮らしを自分たちの手に取り戻そうという思いを感じる。

足立さんの家とＤＩＹの歴史も、焼け野原から始まった。

足立さんは島根県安来《やすぎ》市の生まれだ。安来市は島根県の東の端、鳥取県との県境にある。古代には足で「ふいご」を踏んで炉に空気を送る「たたら製鉄」が盛んに行われた鋼の里でもある。スサノオノミコトとヤマタノオロチの伝説、さらには宮崎駿監督の映画『もののけ姫』の舞台の一つにもなった。

戦後まもなく、足立さんの曾祖母と娘（足立さんのおばあさん）たちがこの安来市にやってくる。そこはもともとある男性が一人暮らしをしていた家。やがて曾祖母が亡くなり、祖母たちは三人暮らしを始める。やがて足立さんの祖父が婿入りし、授かったのが足立さんの父と叔父だった。

足立さんの祖父は茅葺《かやぶ》き屋根職人で、それ以外にも建設関係の仕事、養蚕《ようさん》業、米づくりも野菜づくりもなんでも「百姓」としてやっていた。

僕も足立さんの実家にお邪魔したが、広い敷地に住居となる一軒家だけでなく、農作業道具やトラクター置き場、養蚕をしていたという蔵、離れと多くの家が並んでいた。そのほとんどをおじいさんが自分で建てたという。足立さんのＤＩＹ精神はおじいさんから引き継いだものが大きそうだ。

やがて足立さんの叔父は大学進学で関西へ。長男である足立さんの父は安来の家を継ぎ、足立さんの母親となる女性と結婚、一九八〇年に足立繁幸さんが生まれる。

足立さんが小学校に上がるころには妹と弟が生まれ、しばらくは幸せな家庭だったそうだ。米や野菜を育て、山からキノコや山菜をとり、川でナマズを捕まえて七輪で焼いて食べる。共同浴場で裸になって家の話をする。穏やかな繋がりがあった。

ところがやがてお父さんとお母さんの夫婦げんかが増えていき、祖母も加わって家の中は荒れていった。救いを求めるように、おじいさんに買ってもらったファミコンの『スーパーマリオブラザーズ』に足立さんは夢中になった。

そしてある日、両家の話し合いが襖《ふすま》一枚隔てた先で行われる中、足立さんと弟を残して母がいなくなることを知る。『マリオ』に逃げても、現実は変わらない。「大好きだよ」と母に抱きしめられても、自分が捨てられると悟った足立さんは泣くしかなかった。

中学校に入って足立さんはそれなりにやんちゃな若者になり、年並みの悪さをしていく。DIYを始めたのはこのころだったという。

モテるために始まったDIY道

──なんでDIYを始めたんですか？

足立　一言で言えば、モテるため（笑）。ちっちゃいころからぐちゃぐちゃの環境で育った自覚があるので、今の言葉でいう承認欲求というか「愛されたい」願望が強かったんでしょうね。愛着。女性にモテる「モテ部屋をつくる」っていうのが初期衝動でした。

──それでインテリアデザインの勉強を始めたんですか？

足立　いや、まったく勉強をしなかったんですけど（笑）。中学校のころからいつ女子が来てもいい環境にしたいなと、『カジカジ』とか『スマート』とかファッション誌を見ては何がおしゃれかインプットしていました。高校に入ったらアルバイトのお金が入ってくるんで家具を揃えたりして。それで「インテリアデザイナー」って肩書きができたらもっとモテるんじゃないかと、インテリアデザインの専門学校に入りました。

ただ入って勉強が始まると「ああ、これはおもろない」ってなってしまって。自分はお客さんに「こういう空間どうですか」がしたいわけじゃない、というのも分かってしまった。

とはいえ高いお金を払って専門学校に入ったわけですし、一応卒業はして。ただ絵を描いたりするのは好きだったので、今度はグラフィックデザインの仕事を探し始めました。グラフィックデザイナーって言ったらモテるんじゃ、と（笑）。

——肩書きの力。

足立　ところが入った会社が風俗業界の会社で……。キャバクラとかの夜のお店の媒体をつくる部門でした。結局そこでグラフィックデザイナーの仕事はできず、いやらしいポスターをつくり続けることになって（笑）。結果的にＤＴＰのスキルは身についたんですけど、辞めました。

――そうやって予想もしなかった方にたどりつかれたんですね。昔からＤＩＹは得意だったんですか？

足立　得意だったかは分からないですけど、少ない幼少期の記憶の中でもおじいちゃんにおんぶされて棟上げに出たり、カンナをかけていたりする光景はよく覚えているんですよね。おじいちゃんは茅葺き屋根職人で大工でもあった。気がついたら僕も、そういうものが好きになっていた。

――技術はどうやって習得されていったんでしょう。

足立　独学ですね。やってみて失敗して、改善してを繰り返して。板の測り方から、ベニヤ一枚買ってきたらどう切り出すのかとかまで。たくさん間違えてきました。でも欲しいからつくりたい……試行錯誤で身につけていきました。

本棚の設計図を作るとしても、自分で切ったことがあればのこぎりの分の厚み分なくなることも分かるから、事前に考慮しておけますからね。

ＤＩＹと愛と「巣」

家族との不和、親との関係から来る、愛着への欲求。そこを繋いだのがＤＩＹだった。足立さんは家にある廃材を切って繋いで部屋を改造していく。あるものでつくる。

ここまで足立さんの家族の話を書かせてもらったのは「ＤＩＹは愛と繋がっているのではないか」という仮説からだ。

多くの文脈で、ＤＩＹは「日曜大工」と訳される。お父さんが土日の時間を使って家族のために踏み台やイスをつくる。あるいは、自分の趣味のために時間を費やす。

ただ足立さんの話を聞いていると、あるいは語源から考えてもＤＩＹは日曜大工にとどまるものではない。「自分の生活を自分でつくる」「自分で自分のことをやる」概念だと思う。

足立さんが「焼け野原になっても、何とかしようとする大人がいればその背中を見て子どもが育つ」と言ったように、ＤＩＹは、巣立つ子どもに対して、親ができる教えの一つだろう。自分で自分のことができなければ、人は死ぬ。人生の第一歩はＤＩＹである。Ｄ

IYの根底には家族の愛がある。巣をつくり、巣立たせる。生きのびるために。あるいはコンビニ弁当より自分でつくった弁当をおいしく感じるように、DIYは自分に対する愛の表現でもあるのかもしれない。足立さんは「愛されたい」思いから部屋を素敵にこしらえていったかもしれないが、同時にそれは手づくりした、自分が気に入るモノに囲まれる、愛情の効果を認識していたのではないかと思う。巣をつくるように。

祖母の言うことを聞くばかりで自分のない（ように思えた）父に、足立さんはずっといら立ちを感じていたそうだ。

お父さんはおじいさんたちほど、DIYができなかったらしい。それは、おばあさんの愛でもあったという。「自分たちの子どもたちには苦労をさせたくない」と。高度経済成長期に差しかかって仕事や家庭のかたちが変わっていったことも理由にあるだろう。

ともあれ、足立さんは家庭を崩壊させた父の在り方に反発しようとした。一言で言えば、二十代のころの足立さんは、今の柔軟で、「待てる」足立さんとは真逆だった。

カクカクしていたあのころ

「会社員時代の自分は型にはまっていて、『カクカク』していた」と足立さんは言う。

足立　多くの人が通る道をただたどるというか、「イエス／ノー」のフローチャートをなぞるように移動していくような。自分ではなめらかに順応してるつもりだったんですよ。でもカクカクしている。他の人から見たら何を考えているか分からなくて気持ち悪い生きものだったと思いますよ、昔の僕は。そうじゃなきゃいけない、そうしなさいとは誰にも言われていない。勝手に自分でやっていたことです。

「スーツを着ていた方がまじめに見えるよな」「『お世話になります』からメールは書きましょう」みたいな。多くの人に受け入れられる言葉を使って、多数派の意見に沿うような生き方です。

――今の足立さんとは真逆の生き方に思えますね。

足立　そうですね。会社員時代は、家具やオフィス什器の組み立てがセットになった引っ越し事業をやっていました。主に企業の引っ越しを手伝って、尼崎に事務所をつくって。それまではフリーターだったし、一瞬ブラックというか……「漆黒」のブラック企業に勤めていたから（笑）。さっき言ったみたいに最悪な働き方も体感しているんですよね。

それでせっかくなれた会社員、しかも自分が考えた事業で会社を大きくしていくために、カメレオンみたいに多数派に寄り添うような在り方になっていった。

――その事業ってどういう経緯で始まったんですか？

足立　ブラックな会社を辞めて……「まず独立しよう！」と思ってなぜか「Franc Franc（フランフラン）」に行って家具を揃えました。

――今の足立さんとFranc Francは結びつきませんね……。

足立　おしゃれな事務所にしたかったんでしょうね。Ｍａｃも買って「さあやろう」と思ったけど仕事なんか降ってくるわけがない。結局は前の会社の下請けなんかをやっていたけど、全然食えなくて。

それで派遣会社に登録したけど、デザインの仕事があんまりない。マッチングされたのが引っ越し会社の仕事だったんです。そうしたらその現場で「君いいね、ずっとここで働いてよ」って言われて常駐で入るようになった。引っ越し現場の責任者のような立場になったんですけど、そこでオフィス家具の施工をしている一人親方のおじさんと知り合うんです。当時は事務所の移転を手伝うことが多かったんですけど……たとえばよく会社にくるくるとハンドルを回して開ける重い棚があるでしょう？

――会社の書庫や学校の資料室で見たことがあります。

11:00-18:30
本日の spice カレー
▷牛すじカレー
▷ホタテクリーム
1200~

足立　ああいう棚は阪神大震災後に需要があって増えた。でも大きくて複雑すぎて普通の人には組み立てられないし、分解もできない。だから引っ越しのときは外注の施工会社がバラしたり組み立てたりするんです。

もともと僕は手が器用だったし、作業的には簡単に見えた。現場責任者として外注のおっちゃんの見積書を見ると、僕より遙かに高い日当をもらっていた。だったら、引っ越しと解体・組み立てをセットにしたら儲かるかもしれない、と考えたんです。

システム会社でいうならプログラムを組める営業兼システムエンジニアみたいに、引っ越しも組み立てもできるマルチプレイヤーを育成する会社をやったらどうか。それでその親方のおっちゃんに話したら意気投合して一緒に会社をやることになった。それが、ガサキベースの企画を立ち上げた会社のはじまりです。

その当時は引っ越しから施工までワンストップで受けられる業者は少なかった。大手の引っ越し会社だと解体したものは作業員が運んで、現場監督は運ばない。でもみんなで運んだらすぐ終わるわけです。

引っ越しから解体・組み立てを一気にやったら大手とも提携できて、難易度の高い案件を振ってもらえるようになった。社員も増えていきました。

――カクカクしてたとはいえ、事業としては順調に見えますね。

足立　とはいえ「自分は何をやっているときが心地良い」とか「社会的意義がある仕事をしたい」とかはまったく考えていないんです。「どうやったら金を儲けられるのか」しか。デザイン業界を見渡しても自分が手っ取り早く儲けられそうな仕事はなかった。やりたいことじゃなくても、金を生めれば幸せって考え方でした。

最初はおっちゃんの弟子として施工を学んで、施工を覚えたら社員を二人増やして四人体制でやっていました。そのころぐらいから「そろそろ営業かけてもいいか」と思って、社長に「スーツを買ってくれ」とお願いして。ピーター・ドラッカーの本とか入れてるんですよ、カバンに。

営業としては未熟だけど、そういう演出をするぐらいはできる。マーケティングなんか知らないけど、とにかくカクカクしてるから「これで信頼してもらえる」って安易に考えていた。このころが一番カクカクがマックスだったんだけど……三十歳ぐらいのときに「パーン」ってはじけるんですよ。

——何が起きたんですか。

足立　離婚です。そのころは結婚して子どもが三歳ぐらいだったけど、いろんな事件があって妻子と離れることになった。

「こんなカククカクした生き方でいいのか」って疑問が出てきていた時期ではあったんです。でもまあ、何とか生きられているしいいか……ぐらいに思っていた。

幼少期の家庭環境もそうなんだけど、僕はずっと閉塞感や圧迫感を感じていました。僕が育った家は誰も本当のことを言わない家というか……だから僕も本当のことを言う意味が分からないような人間だった。それで傷つかなくて済むように、世間に合わせてカクカクしてきたけど、うまくいかないシチュエーションがどんどん増えてくるんですよ。そんなとき、離婚してもう僕の頭は爆発してしまう。

当時の相手とのコミュニケーションや仕事も、在り方もたぶん自分は本当に良いとは思っていなかった。それなのになぜ改めなかったのか、行動につなげられなかったのかと後悔したんです。

その思いがなかったら、全部相手のせいにしていたと思います。訴訟でもして、自分の正義をカクカクして伝えていた。

――ずっと言われている「カクカクしよう」「世の中に合わせよう」の根本はどこにあるんですか？

足立　僕は「家族の幸せ」にコンプレックスがあったんです。うちの親父はぐちゃぐちゃな人間で。親父は僕からすると意思が読めないというか、何を考えてるか分からないような人間だった。無計画で。僕のおばあちゃん、親父にとっての母親にバーッて言われてから初めてやる。父親が家族の幸せを考えてるのか、全然分からなかった。成長していくうちに「親父のやり方じゃダメなんだな」って対抗しようと思ったんです。もっと計画性を持つ。世間にマッチしていく。「幸せな家族をつくる！」って。でもそうやってカクカクしたやり方で、爆発してしまった。親父の反対をいったけど、それも間違っていた。じゃあ何が正しいのか分からない。正直、そのときは「死にたい」と思っていました。

――つらい状況です……。

足立　ただ同時に悟ったんです。「親父が北なら南に行こう」としていたけど、別に東でも西でも、それ以外のどこに行ったっていいんだよなって。

――自由になった。

足立　そう。そのときは、だいぶ距離を進んだのに「方向自体が間違ってるよ」ってストップをかけられたみたいで、もうどうしようもないじゃん、って。まったく進んでいないどころか、マイナスの距離を行ったような。それで家族をバラバラにした。結局やり方は違っても、親父と同じエンディングにたどりついてしまった。

「じゃあどうしたらいいねん」ってなったときに、なんとなく見えてきたのは「西も東もあるんじゃん」ということ。進む方向だって直線じゃなきゃいけないわけじゃないし、ぐるぐる回ったっていい。そうやって立ち止まって考えた。

――そういった考えに至れたのは大きいですね。

足立　離婚するまで会社には行ってたんですけど、家には帰っていなかった。妻と子どもが出て行って何にもなくてつらいから。車で生活して会社に行っていました。

でも「北や南じゃなくてもいい」って分かった瞬間から家にも気にせず帰れるし、掃除もできるようになった。空間のとらえ方が変わったというのかな。悲壮感しかなかったのに、そのころは「これからスタート」という感覚すらあった。

――その境地に至ったのはどのぐらいのスパンだったんでしょう。

足立　たぶん一日ぐらいでその感覚になったんです。それまでは離婚届にハンコを押すのにも迷っていたけど、すぐにズドンって押せた。自由を得たような、解放感もあったんですよね。狭い世界から解き放たれたような感覚。

ガサキベースの誕生と変化

つくった家族と離れ、それまで父親の生き方に反発して選んだはずの道が間違っていたかもしれないと感じた足立さんだったが、それすらも選択肢の一つにすぎなかったと気づいた。この離婚の前後で、会社の一事業としてガサキベースをつくったという。

――どういう流れでガサキベースを始めることになったんですか？

足立　そのころ、会社には社員が結構いたんです。七人ぐらいいたかな。さらにアルバイトが十人ぐらい。協力会社を含めるとなかなかな人数でした。「俺たちも事務員さんがいるような会社になったんだ！」と、社長のおっちゃんと話したのを覚えています。コールセンターも三人体制でいたりして。

それだけ人数が増えると、人間模様も複雑になってきます。子どもができて生活が変わる社員がいたり、社内恋愛の末に結婚するカップルがいたり。そうなると、もうちょっと会社的な色気がないとな、と思ったんです。

――色気。

足立　そうです。引っ越し屋って、当たり前だけど肉体労働だから汗くさいものです。「IKEA」の家具の組み立て代行とかも始めていたけど、ガサキベースはこじゃれた空間にしようという目論見があった。そういう、おしゃれでクリエイティブなことをしている雰囲気、色気が出れば求人の幅もできていくと考えたんですね。

考えついた時期はカクカクしているから、「エコを意識したら人が来るだろ」ぐらいに思っていた。今でいうSDGs的な感じ。引っ越し屋ってゴミを扱うこともあるので、廃棄物からリメイクした家具をつくればいいじゃん、と思っていた。もともと自分はDIYが好きだし、そういう空間ができれば町とのつながりも増えるんじゃないかな、とも。当時は尼崎の潮江に会社があったんですけど、会社内に店をつくることになりました。

――ガサキベースが実際にできて、会社に変化はありましたか？

足立　ガサキベースができた直後は、社内でも誇らしいと思ってもらえていたようです。「うちの会社、こんな事業部もあんで」と知人に自慢げに話している社員を見ました。ウェブサイトもきれいにつくって。

ところが会社の空気は良くなったけど、ガサキベースを走らせていくうちに違和感が出てきた。

――何に対しての違和感ですか。

足立　大きく言うと、ＤＩＹに対してのメディアの扱いかな。当時「チープな一〇〇均グッズでＤＩＹしよう」みたいなのが流行っていた。僕の中では、なんとなく「つくるってそういうことじゃないんじゃないか」という思いがあったんです。

あと当然、会社の事業だから利益を上げていこうと考えていたんだけど、店を始めてからＤＩＹにはすっぽり現代人から抜けてる要素が含まれているなと思うようになった。

ガサキベースはビジネスとして始めたけど、やがて「みんながＤＩＹをしたら楽しく生きられるんじゃないか。それを広められないか」という考えに書き換わっていった。そんな中で離婚することになって。

——自由に動いていい、という思想も得た。

足立　そうなんです。でも精神論をただ話していても、お金が入ってくるわけじゃない。商品を売るのが仕事だったけど、もうそのころの僕って、例えば試着した服が似合っていない人に「お似合いですね」って嘘をつけなくなっていたんです。

前だったらいくらでも言えたんだけど。そういう言葉が出なくなったあたりで社長から「他の社員の目もあるから話すけど、もっと利益出せるやろ、考えてくれ」って言われたんです。「今まではあれだけ案件取ってきてたやん。事業として示しがつかんから」と。

僕は「もちろん会社として利益を追求するのは分かっているけど、もう無理です。ガサキベースって社会的な意義のある活動かもしれない。意義のあることをやろうと思うと、売れない」って返した。そんなやりとりを二ターングらいやったかな。そうして社長から「もう保たんから、他の事業から補填せなあかんくなった」と言われた時に「じゃあ辞めます」となった。離婚してるし、もう覚悟が決まった。

人生の表現としてガサキベースをやっていけばいい。ダメだったらホームレスとして生きれば良い、と。体感二秒ぐらいで「辞めます」って言ってましたね。

それで退職金をもらって、事業ごとガサキベースを買い取ったんです。

――ガサキベースが足立さんの人生の表現になった。それからどうしたんですか。

足立 そのタイミングで前の家族と住んでいた家から引っ越して、一人で一軒家を借りました。家賃は当時十何万円かの、６ＬＤＫに引っ越した。そこにガサキベースの在庫をドカーッってぶちこんで。さらに合鍵を六、七本つくっていろんな人に渡しました。

――シェアハウスみたいな。だいぶ思い切りましたね。

足立　「家族とは何か」って考えもリセットされてよく分からなくなっていたんです。集まってる瞬間、その人たちが「家族」でもええやん、と。帰ったら知らん人が家でカレーつくってて「どうも」みたいな日が何度もあった。

――面白い話。そのときはガサキベースは営業していたんですか。

足立　その時期は潜伏期間で、まだガサキベースはクローズしていました。そのころに、ガサキベースを立ち上げた当時からのお客さんだった「吉田悦造商店」っていう材木屋さんと話をしたんです。

吉田さんたちは経営に悩んでいて、打開策を探しているところで。「たとえ泥舟でもちょっと漕いだら進むでしょ」って励ましたんです。材木屋さんの需要が少なくなってきている状況は全然良いものじゃないけど、吉田さんは「がんばれ」って言われてもがんばり方が分からない状況だった。それだったら第三者が材木屋を編集していくのが良いんじゃないかと思ったんです。ちょうど僕も物件をいくつか見て探していたけどいまいちピンと来るものがなかったところで。

吉田悦造商店は尼崎の東難波《ひがしなにわ》にあって、敷地が百坪ぐらいあった。だったらそこにガサキベースとかいろんな店が集まったら空気感が変わるんじゃないかと思ったんです。

二〇一六年七月にそこは「カブキモノヴィレッジ（尼崎傾奇者集落）」という名前になって、レザークラフトのお店とか、コーヒー店「uraniwa coffee」が入ってきて、いろんな地域のイベントや仕事を編集する「株式会社ここにある」を後に立ち上げる、藤本遼ちゃんも事務所をここに開いた。当時は僕も含めて「尼崎ＥＮＧＡＷＡ化計画」という屋号でしたけど。

――わくわくする取り組みですね。

足立　結構盛り上がったんです。お店同士の組み合わせが良かったんでしょうね。「材木屋の新しい可能性」みたいな感じで、新聞の取材も入るようになった。ただ、もともと二人でやっていた材木屋さんの一人が亡くなられて……さらにそのとき新型コロナウイルスが流行り始めたことで、吉田さんが「これからやっていくモチベーションがない。畳もうと思う」となった。それでカブキモノヴィレッジは解散することになって、ガサキベースもリニューアルオープンすることにしたんです。

——カブキモノヴィレッジが解散になって、今の尼崎・戸ノ内の工場に移るわけですね。

足立 解散してからすぐ、妻の桃子の身内の不動産屋さんに相談したら「面白い工場があるよ」とこの物件を紹介してくれた。「こういうのなかなか出ないよ」って。予算もあまりなく、他に選択肢がないのもあって、ここに決めました。

——はじめてこの物件を見たときどう思われましたか?

足立 「まあここだったらやれるかな」と思いました。どうやってＤＩＹして変えていくかワクワクしていた。ちょっとした切迫感はあったんですけどね。家も店もなくなるような。でも「これが生きてるってことだぜ」ってヒリヒリ感じてもいた。崖っぷちにいると、生きている感覚になるんですよね。

コロナ禍で売上は立たないし、持続化補助金が出始めていましたけど、うちは「ホームセンター」って認識されたみたいで補助金は出なかったんです。そういう心が折れるできごとが続いていていたのもあるし、この物件を見て「もうここでやるしかないよね」って。

――ガサキベースがホームセンターって認識は何か違いますね。

足立　そうなんですよね。でも先立つものがないから、クラウドファンディングや、「アナログファンディング」と称してひたすら知り合いに電話して、少額で借り入れもして……物件を五百万円で買って、材料で五百万円ぐらいかな。そうしてつくりあげました。

――どのぐらいの期間で今のレベルまでＤＩＹして進めたんですか？

足立　全体でいうと結構時間はかかってるけど、まず最初の月に、二階の寝る場所や洗濯場、一階のトイレは仕上げました。カブキモノヴィレッジの営業がまだ残ってたので桃子にそこは任せて僕はほとんど工場に缶詰になって作業して。これまでのお客さんとか、ＤＩＹに慣れている人も初めての人も、いろんな人が手伝ってくれた。「プロとしていつもヒントもらってるよ」なんて言ってくれる大工さんもいて。最低限生活できるところはそうして二カ月ぐらいで仕上げました。

まずは靴を脱いで寝転べる場所をつくるのが始まりで。次にトイレをつくり、お風呂に入れるようにして……。普通の家やお店だったら当たり前にあるものがないわけです。水回りでいったら、工場のおっちゃんたちが手を洗っていたであろう蛇口と、二階に使う気の失せるトイレが一つぐらい。それをつぶしてお風呂も全部手づくりです。できあがるまでは銭湯に行って、キッチンができるまではカセットコンロで料理をする日々でした。

水道周りとかもいろいろ勉強して、家の構造体以外は自分でつくれるようになりました。

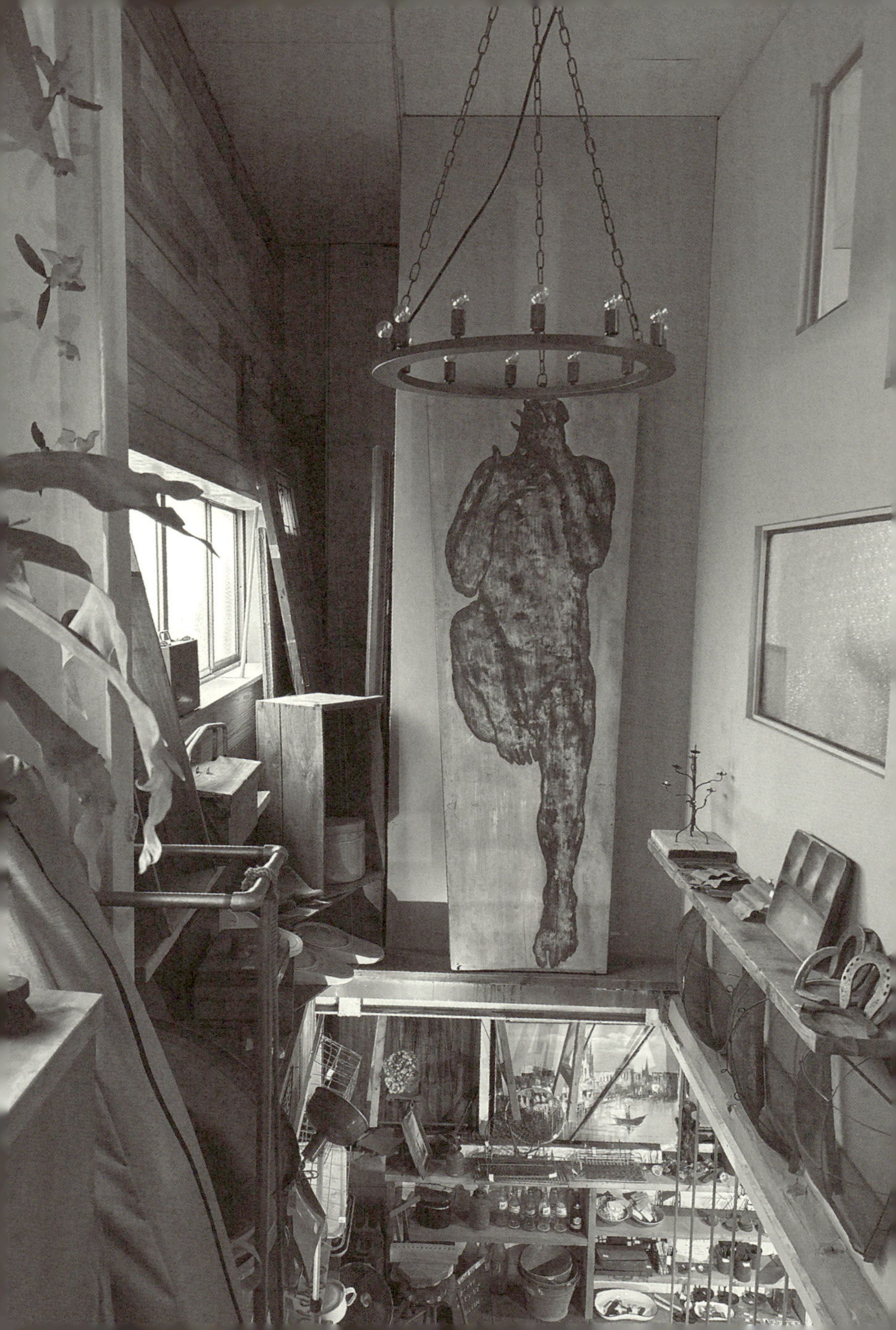

買うことで自分を高める機会と縁が切れる

尼崎に住む大工の名和親房（なわ・ちかふさ）さんは「工数や人月など数字に換算される時間に対しての『作業』になりがちな仕事の中で、ガサキベースに通うたび『これでええやん』と思えるようになった」と言う。足立さんの施工は、ときにプロの大工さんからすると驚くようなやり方だったりする。一方で、それも間違っていない。結果にたどりつくために、必ずしも「普通」の方法でなくてもいい。名和さんが「これでええやん」と確認するのはそういう文脈だ。

それは「買う」という行為についても言えると思う。

足立さんにガサキベースで取材する日、店でのトークイベントを数日後に控えていた僕は、お客さんが座るスツールを楽天やＡｍａｚｏｎで検索して比較するのに何十分もかけていた。

「なかなか良いのが見つからないんです」足立さんにぼそっと言うと「じゃあ今からつくりましょう」という話になった。

足立さんがさっと図面を引いてくれ、ホームセンターに行って木材を買い、カットしてもらう。座面の角の加工などは足立さんにお願いし、組み立ては自分でやる。一日でスツールが十六脚できた。

――本当はつくったほうが早いし、楽しいし、安い。でもなかなか思いつかないんですよね。

足立　買うってことは、自分を高める機会と縁を切ることでもあると思うんですよね。

僕が一番お金を使っているのは電動の丸ノコとか、サンダー（やすりがけ機）とか、道具だと思うんですが「こんな便利な道具を使っていていいのかな」と思うときもある。確かに効率は上がるけど、丸ノコじゃなくてノコギリを使ってみたらどうか。ノコギリすらない時代は、木の目に合わせて割っていたと思うんです。その方が、木と自分の関係性は強い。木の情報が入ってくるわけです、この世のものとして。湿ってるとか、硬いとか。それを丸ノコでごり押しして切っていいのかと思う。

災害で被災したときが、一番分かりやすいですよね。自分がどういうスペックで、何を大事に思うかが分かる。

──手でやる、自分でやるから関係性ができる。そういう感覚を「忘れていいよ」の世の中になってしまっている気がします。お金を払うことで。

足立 お金を得る側もそうなってしまっている。それこそ今日の朝、会計ソフトを間違って解約していなかったので「年会費を払う前にキャンセルしたい」と問い合わせたんです。そうしたら「解約できない」と。そもそもその電話もずっと待たされて繋がらないし、何ターンかメールでやりとりを繰り返して、別で契約しているアカウント名義でようやく電話できた。

僕は一年間一切ログインすらしていないのになんで払わないといけないのか、と聞いたわけです。そうしたら「解約手続きにつきましては～」と機械的に回答を繰り返すだけ。僕は人間としゃべりたい、あなたとしゃべりたいのに……ってなった。結局返金はされないことになってしまったんですけど。

――最近のお客さま窓口はどこも電話が繋がらないし、保留中に勝手に向こうから切られたり、ＡＩに対応されたり……人間味がないですよね。経費削減も分かるんだけど、仕事ってなんだって思ってしまう。

足立　効率優先で「本来その仕事で何がしたいのか」が抜け落ちてしまっているんですよね。

メイカームーブメントと、ブリコラージュ、そして編集

二〇一〇年代、雑誌『Make:』や、元『WIRED』編集長クリス・アンダーソンによる『MAKERS―21世紀の産業革命が始まる』（ＮＨＫ出版）などを皮切りに「メイカーズムーブメント」がアメリカを中心に起こった。

３Ｄプリンタやレーザーカッターを利用できる「ファブ」スペースが充実し、日本でもメイカーフェアが各地で開催されるようになった。「メイカー」はどちらかというと、こ

れまでインターネット空間にいた人たちが電子工作を含めてリアルなものづくりに向かおうとする流れだったように思う。

一方で、日本ではテレビ番組や雑誌の影響もあって「ＤＩＹ」は一〇〇円ショップの商品を組み合わせる節約や、「おしゃれ」という文脈が強かったかもしれない。

ガサキベースが語るＤＩＹはどちらかというと、もう少し概念に近い。

uraniwa coffeeをカブキモノヴィレッジで開き、今は大阪の西天満で「ＯＭＯ＆コーヒー」を営む宮村雄大さんはこう話す。

「当時から、ガサキベースにふらっと来たサラリーマンが、最後は瞳孔をガッと開いて帰っていく……みたいなことがよくありました。僕も以前は『ビジネスマンはこうあるべき』みたいな考えがあったんですよね。『アイミツ（相見積もり）を取るのがかっこいい』とか（笑）。その見積もりを取る本来の意味を分かっていないような。ガサキベースや足立さんの近くにいるようになって、そのメッキが剥がれていったんです。でも剥がれちゃえば裸で、なんとかするしかない。最後は人のせいにできない、やるのは自分だ、と。

僕は雀荘も経営しているんですが、ＤＩＹって麻雀に似ているところがあって。目の前にある牌でなんとか役をつくるように、身近にあるモノでなんとかつくろうとする精神があると思う。それを足立さんに教えてもらいました」

「身近なモノでなんとかする」発想を、「ブリコラージュ（bricolage）」という。ブリコラージュはフランス語で、「素人の手仕事」「器用仕事」「寄せ集めでなんとかする」といった意味を持つ。文化人類学者クロード・レヴィ＝ストロースが『野生の思考』で紹介した概念だ。端切れの布や目の前にあるものを使って、当座を乗り切るモノをつくる。わざわざそのために素材を仕入れるというよりは、組み合わせて加工・アレンジする。レヴィ＝ストロースは、単一の物語でなく種々雑多な話が集まった神話すらもブリコラージュだという。フランスの哲学家、ジャック・デリダはレヴィ＝ストロースの考えをさらに敷衍《ふえん》して「人間の言説のほとんどはブリコラージュ」とした。

ブリコラージュは生きのびるために「やむにやまれず」やるようなもの。デリダの言うように、言説すらブリコラージュなのだとすると、こうして言葉を紡《つむ》ぐこと、編集とＤＩＹが近い領域にあると思えてくる。言葉を伝えようとするのも、相手に伝えることで生きのびようとする思いが根本にあるんじゃないだろうか。

だからＤＩＹというのは「日曜大工」というよりも、哲学や考え方に近いはずなのだ。生きるために自分でなんとかすること。

兵庫県の神戸市を中心に、廃屋を次々にリノベーションして住み替えたり貸し出したりしている「廃屋ジャンキー」の西村組・西村周治さんと足立さんとのトークイベントで、お二人ともブリコラージュについて同じように話していた。

「あるもので満ち足りていれば、そもそもつくろうとしない。どの程度周りにあるものを『ある』ととらえられるか。その感度の問題だと思う」と。廃屋や廃材とされるものでも、切り取り方次第で立派な素材になる。そもそも周りにあるものの可能性に気がつけるかどうかも問題だ。

ガサキベースでリメイクパーツを売ったり、ＤＩＹのやり方を伝えたりするだけではなく、足立さんはそんな「ヒント」を届けてきた。さらにいろんなお店や場所に赴いて一緒にＤＩＹする取り組みを続けてきた。ガサキベースに訪れる人だけでなく、別のお店を営む人にもブリコラージュの取り組みが浸透していった。

作為的でない美しさと「普通」

——一番印象に残った仕事ってなんでしょう。

足立　「オールドルーキー」という会社のB型自立支援所を手伝ったときかな。いろんな角度からモノを考えられた仕事でした。

そこではいろんな精神疾患を持つ人たちと一緒に作業をしました。休憩中にはご飯を食べながらラフにしんどい話を聞いたりして。「なんで自傷したの」みたいに、カジュアルに。一緒に作業した人たちは「普通」に向かおうとしてるんだけど、普通に近づけば近づくほど自分がなくなるんですよね。

一方で、僕が悔しくなるようなペンキの塗り方や落とし方をするんですよ。本来ならエラーというべき現象が起きる。それはその人たちが作為的でないからなんですよね。

壁にパテを塗って凹んだところに肉付けをしていくときに、まっすぐはなかなかできない。「普通」ならパテ用のヘラを使えばはやいわけですけど、一人の女性がもんじゃ用ぐらいの小さなヘラで「ぴっぴっぴ」って細かくパテを塗っていた。そうすると、短い頻度で塗った独特のテクスチャーになる。これまでいろいろつくってきたけど、「こんな美しさもあるのか」って衝撃を受けました。

——狙っていないからこそ生まれる美しさというか。

足立　ビジネスマンが見ている世界とは真逆の世界なんですよね、そこは。

ＤＩＹと作業の差というか。指示をされてやることと、本来の意味するところを自分で探り当てるのは全然違う。それをつかみ取るには、待つしかないところもある。

障害を持っている子たちは普通になろうとするけど、そういう作為的じゃない線や仕上がりは僕からすると面白いし、美しい。

それぞれの進み方があったのに、「普通」という壁に弾かれたからこそ就労支援所に来ているわけじゃないですか。

ところがそのオールドルーキーの社長・川嶋さんは「普通になんかならなくてもいい」と言うんです。就労支援は社会復帰するための機会で、そこには社会が真っ当である前提がある。じゃあ社会が真っ当でなければ？

就労支援に通っている人たちの間で子どもができることもある。そうすると「稼がなきゃ」と思ってハローワークに行こうとしてしまう。そういうとき、川嶋さんは「本当にそれが幸せなの？」と問いかけるんです。

この話が気になったので、後日オールドルーキー・川嶋さんに話を聞いた。

「確かに利用者さんには『普通』を目指さなくてもいい、という話をします。世間一般には、高校、大学に入って結婚して子どもをつくって、一軒家を持って……というのが普通かもしれない。でもここに来ているなかには、そういうレールに乗ろうとチャレンジしたけどダメだった人たちもいる。自立支援、就労支援は就職が目的になっているわけですけど、必ずしも万人にとって『就職＝幸せ』じゃないはず。楽しく暮らせるのが一番で、そのためには就職以外の方法があるかもしれない。

僕はもともと自転車・バイク屋として開業していたので、要らない自転車を無料で引き取る機会があります。それを解体して整備・修理する作業を来る人にやってもらう。修理した自転車や部品・パーツを売って利用者さんの工賃（給料）に充てる。自由にやってもらって『分からなかったら聞いてきて』ってスタンスだから、相談を受ける時間も取りやすい」

ペットショップを改装したという二階立ての就労支援B型施設「Cdots.」では利用者の方たちが自転車を解体したり修理したりしていた。みんなでＤＩＹしたという空間は、木と漆喰とモルタルの落ち着いた雰囲気でどこかクリエイティブな学校のようだった。

いろんなかたちがあっていい

――川嶋さんの言う「普通」は「カクカク」にも通じますよね。

足立　そうですね。元からある特性はショック療法でどうにかなるものでもないし、なめらかに動いて生きていければいいじゃないですか。上がるだけじゃなくて、下がったり横に行ったりしてもいい。

就労支援の事業所って病院っぽい雰囲気になっていることが多いんですよ。汚れても良いように床はＰＶＣ（ポリ塩化ビニル）だったり。でも川嶋さんと僕は「みんなのテンションが上がった方がいいよね」と、木や漆喰の壁にすることにした。

――そういう空間にいると、自分が大切にされていると思えそうですよね。

足立　そう。誰かが「情報量が極端に減った場所は危ない」って言っていたんです。それはすごく考えていて。同じような明るさで同じような内装の場所って多いでしょう。情報量が少なすぎるんですよね。歩いていても、触れてもインプットが少ない。インプットが少ないと、アウトプットも少なくなる。

――それはすごく分かります。一日終わったあとに振り返ると、プラスチックとかアスファルトとか人工物にしか触れていないと気づくことがある。

足立　現代人の生活はスピードラーニングみたいになっちゃっている気がします。自分で聞いて見て触って……をやらずに誰かが代わりにやった情報で体験したつもりになるから、感覚がおかしくなる。だから急に山の中に放り込まれたら生きのびられない人が多いんじゃないかと思う。

——電波が通じなければ、スマホで調べて小屋をつくるなんてできないかもしれない。

足立　そうやってダウンロードした知識というのは、自分との文脈が繋がらないというか、動いて探し当ててつくるような、動作や感覚が絡まないから身につかない。そういう力がないと咄嗟《とっさ》にはできないと思うんです。

——生きのびるのにＤＩＹスキルって必要なものですよね。今は経済の在り方がＤＩＹを排除してしまっている。やれる人がやる、日曜大工としてやるようなものとしかＤＩＹをとらえられていない。本来は生きること、生活すること自体が自分でやるもの＝ＤＩＹなのに。

足立　今は自分がどんなかたちや色をしてるか普段から考えずに、「白くて完全な球体になることこそ、良いのだ」と思い込まされている人が多いように思える。それでひたすら色・ツヤ・かたちを研磨していく日々を送っている。白い球体や、それを目指している演技をする。そうしなかったら不安で、自分を押し殺してしまう。本質的な、動物としての人間の感覚では生きていない

人によっては本当の在り方はでこぼこだったり、紫の四角だったり、霧状だったりする中で、「白い球体」じゃない人を「障害」でくくらなきゃいけない。それは違うんじゃないかと思うんですけどね。本当は自分に合ったかたちや生き方を自分なりにこしらえていかないといけない。

新しい家族との出会い

工場のリノベーションより以前に、足立さんは現在パートナーとしてガサキベースを一緒に営む、桃子さんと出会う。

――桃子さんとはどうやって出会われたんですか？

桃子　二〇一五年ごろでしょうか。「離婚して半年」って繁ちゃんが言っていたのを覚えています。

足立　ガサキベースのFacebookで「一〇〇〇『いいね』ごとにイベントをする」という企画で、桃子が二〇〇〇番になったんですよ。それで「イスをあげる」ってなって。

――桃子さんから見た足立さんの第一印象は？

桃子　軽く挨拶しただけですけど「調子の良い人だな」と（笑）。

足立　僕からすると、桃子の第一印象は硬い殻に包まれた「シールド系」女子（笑）。人との距離を保ちながらしゃべるところがあった。

桃子　当時はアパレルの販売の仕事をしていたんですけど、ものづくりのワークショップに参加しても、職業以外の自己紹介ができなかったんです。

でも繁ちゃんの話が面白かったので、シェアハウスのような家によく行くようになって。一人暮らしして五年ぐらいでしたけど、あまり一人で食べるご飯がおいしくなかった。それが繁ちゃんの家でご飯食べたら、なんだか居心地がよかったんですよね。繁ちゃんに「料理得意？」って聞かれて「まあまあ」と答えると「ご飯つくりにきてや」と言われて。「それいいかも」と思った。職場の十歳ぐらいの上の同僚が「彼氏とかより、とにかく一緒にごはん食べる相手がいたらよくない？」って言っていたのを思い出して。

――桃子さんが来てくれて、足立さんはどんな感じでしたか？

足立　一人じゃない感覚は久しぶりでしたからね。離婚してすぐで、別に彼女が欲しかったわけではない。ただずっと家族というものにコンプレックスがあって、これから生きていくなかで自分と人との関係性はどうなっていくのか興味があった。

桃子はずっと家にいるから「俺みたいなやつとも一緒にいられる人なんだな」と思って。

恋愛にすぐ発展するわけでもなく、結婚しなくても一緒におれるんやというのが驚きでもあった。

――そこから結婚に至るまでは？

桃子　繁ちゃんはバツイチだったけど、私は未婚で、一度結婚してみたいなあという思いがありました。何で読んだのかは忘れましたけど、籍を入れないとどちらかが事故に遭ったとき病院で立ち会えないと知って。「じゃあ籍入れよう」と婚姻届を出しに行きました。

足立　親にも事後報告でね。一年後ぐらいに弟からメールが来て「もしかして再婚した？」「したよ」なんて答えて。結婚って何だっていう話ですよね。メリット・デメリットで語れるもんでもないと思うし、書面での契約じゃないですか。でも死ぬ前に会えないのは大きいね、と。

籍を入れる前にこれからやりたいことは何か二人で話していたら「ガサキベースでカフェをやろう」となったんです。それで結婚する前、桃子に「君がやればいいじゃん」ってガサキベースの権利を渡したんですよ。十歳も年下だし、彼女の方が長生きする。僕はホームレスになってもなんとかなる自信があるけど、僕がもうダシガラやなと思ったら捨てなさいと言って。そうやって籍を入れて、いろいろと桃子もＤＩＹを覚えて、カフェもやるガサキベースのスタイルができてきた感じですね。

――桃子さんに渡すことに躊躇《ちゅうちょ》はなかったんですか？

足立　ガサキベースは自分の自己表現でもあったけど、ずっと死ぬのを身近に感じていたから自分が握ったまま死後硬直してガサキベースが終わるんじゃなくて、「脈々と流れる何か」として人に影響を残していくほうがきれいだよなって思ったんです。

ガサキベースをビジネスとして見ていたら、自分の手の内に入れておこうとしたと思いますよ。でも僕はそれよりも、ここの取り組みが誰かや何かに影響して、波紋が広がっていく景色が見たかった。それが生きているってことなんじゃないかと思ったんです。そう考えたら、すぐ「あげちゃうよ」と。

里親という家族のかたちと「波紋」

取材時点で、ガサキベースは兵庫県の里親制度に参加して里子の未成年のAさんを受け入れている。AさんはＤＩＹ ＢＯＯＫＳのＤＩＹを手伝ってくれたことがあるが、その日に自分が家に戻るか受け入れ先が決まるかというタイミングで、顔面蒼白だった。その後ガサキベースに来ることになったが、イベントで久しぶりに会ったAさんは少なくとも以前会ったときよりもいきいきして見えた。

――里親についてはどういう経緯でスタートしたんですか。

足立　最初は、僕が生きた「波紋」を想像したいという思いです。それって自分が死んだら見られないですよね。自分が働きかけた結果起こった波紋。誰かに影響していたんだ、と生きている実感を得られるような。

ガサキベースの十年の蓄積で、ようやくそれをじわじわ感じられるようになってきた。「ガサキベースに行くと良いよ」って紹介されて若い大学生の子がやって来るとか。デリバリーで僕と話したら勇気が出て子どもとこんなのをつくったとかいう話を聞いたり。そういう話を聞いているときに、実感するんですよね。「ああ、生きてるなあ」と。

里親もそうで、「救ってあげたい」っていう気持ちじゃないんです。自分が生きている実態がここにあると確かに感じたい。「子どもたちのために」っていうのはどこか嘘くさくて。そうやって波紋を確認するのは生きている以上、必然的にやることなんだろうなと思っているところがあるんです。

――いつごろから里親として登録されたんですか?

足立　二年半前ぐらいかな。桃子と話しているときに「自分が今ゼロ歳からやり直せって言われたら、今の世の中に産み落とされるのは嫌だ」ってなって。確かにそこまで考えずに子どもってできるところもあると思うんだけど、今の世の中は大人から見ても良くはない。

生まれるだけ生まれてきて、親に捨てられてしまう子がいる。悲しいけど、生まれてすぐに便器に流されるような子どももすらいる。育っても殴られ続けたり。親を見ても、育てたいけど育てられない人もいる。

「家族」という在り方をずっと考えていたわけですけど、その行き場や在り方が不安定な子どもたちをどうするか考えるのも一つの家族じゃないのか。それで里親に興味を持って研修を受けに行って……という流れですね。

――今受け入れているAさんはどういう経緯で。

足立　桃子の研修が終わって資格が取れてすぐぐらいに児童相談所から連絡があって「急なんだけど一時保護で一人預かってもらえないか」と。家に戻るのか、施設で預かるのか身の振り方が決まるまでの約束で「いいですよ」と即答したら、向こうがびっくりしていました（笑）。

その日にAがすぐ来たんだけど、荷物はないし、Tシャツにパーカー、スキニーデニムとラフな格好で。鉛筆と紙だけ持っていたかな。

最初は生気もなくてまったく僕らに口を開かなかった。それが、今は悪態もつくし嘘もつくし、よくしゃべるようになりました。

——Aさんに「こうなってほしい」というイメージはありますか?

足立　洗練していってほしいんですよね。自分の歪《いびつ》さに気づいても、歪つじゃないようにうそをつくんじゃなくて、自分なりの表現を見つけていってほしい。

あとは防御力。周りの人間や社会から自分を守る強さやしなやかさ。

——どう大人がかかわったら子どもが自分の表現を見つけていけるんでしょう。

足立　こっちが素直に壁か穴かどちらかを用意して、そのリアクションや問いかけをオーバーにやっていくことじゃないかと思うんです。ルールや理屈をたたき込むというよりも。壁にぶつかったとして、事故を大きくしないようにエアバッグを膨らますような感覚を自分でつかめるように。

――Aさんがガサキベースに来てできるようになったことってありますか?

足立　ちゃんとお風呂に入ることかな（笑）。あとは悪いことを悪いと認知する力でしょうか。今までは悪いとは思っていても、うそをついてごまかしてきたところがあると思うんです。そこは僕に似ている。

それが良しとされている世界にいたら、罪悪感は薄まっていく。その罪悪感を拾い上げる力を取り戻させたり、謝ったりできるようにする。

ＤＩＹをさせたら、最初は時間がかかるけど集中するきっかけがあればできるようになるので、Ａは仕事をする喜びを分かりはじめているんじゃないかとは思うんですけど。

あとは与えられるだけじゃなくて、自分で手に入れる喜びを体験していってほしい。

僕は自分の家族を解散させてしまったことに、コンプレックスをずっと抱いてきました。あるいは小さなころ自分が育った家庭で抱いていた思いも引っ張って生きてきた。そこから一度立ち止まったときに過去や血と決別して、自分の人生を生き始めた。そうやって子どもたちにも生きてほしい。

子どもは一番の自然、という話がある。やりたいようにやる。行きたいところに行く。ところがお金の原理で動く都市は、自然を排除しがちな部分がある。とすれば、都市で少子化になるのは必然。お金を中心とした経済の論理は、時間と締切で管理されるので「早くやりなさい」「やめなさい」と注意する方向に向かう。地中の岩を避けて根を伸ばす木のように、子どもは自然と大人の注意や押しつけをかいくぐって育つところもあるだろうが、「自然」を押さえつけられるフラストレーションが、反抗や非行として表現されるのかもしれない。

足立さんの子どもたちへの接し方はオールドルーキーのB型支援施設に来る人の「普通」を尊重する姿勢に近い。それは「カクカク」していた足立さん自身が、自然なベクトルを「待つ」ようになったからできるのかもしれないと思う。

ガサキベースをちゃんと死なせたかった

足立さんは新しい家族の風景を尼崎で、DIYやガサキベースの活動を通してつくってきた。ただガサキベースは二〇二五年の四月に終わる。

――いつごろから終わることを考えていたんですか。

足立　ガサキベースを立ち上げた当初から、故郷の島根に帰るのが前提にあったので、終わらせようとは思っていました。

――島根に帰ろう、というのはなんでなんですか。

足立　いま僕は四十四歳なんですけど、五十歳ぐらいで朽ち果てるイメージがあるんです。

その感覚でいくと、四十五歳になったときは「あと五年か」って思うはず。そう考えると、一日一日を大切に消化できるような気がして。

僕は田舎で生まれ育ったわけです。吉幾三の「オラこんな村いやだ」じゃないけど、島根には何もないと思っていた。大阪に出てきたら、田舎を下に見ようとしていたんですよね。「服はそんなのしか売ってないんだ」とか。都会のコンビニでクリスタルガイザー買って飲むのがかっこええとか（笑）。

そういう気持ちが、だんだんガサキベースをやっていくうちになくなってきたんです。都会にはモノがたくさんあるんだけど、誰の思いも乗っかっていないものが多い。関係性がない。そういう風に感じられるようになって島根に一度戻ってみたら「田舎には全部あるやん！」ってなった。

主観の問題なんですけどね。「ある」も「ない」も自分次第。ただ自分がどこで死にたいかって考えたときに、都会よりは田舎かなって思ったんです。実家をどうするって問題もあったし。島根で波紋を感じながら生きて、死ぬのがいい。

それでガサキベースの閉じ方を考えるようになって。最小のタッチで最大のインパクトを出すにはどうすればいいかを考えたら、大阪万博が始まるタイミングで終わろうと思った。万博がバーッと始まるときにこっそり終わる。でもガサキベースの終わりに立ち会ってくれる人は来てくれる。小さな終わりだけど、大きな繋がりがそこで分かる。関係をより大切に考えてきたからこその終わり方だし、終わる前提で営業することで、一人一人のお客さんにより敬意を持って接することができる。

それなら「残りの五年間」で、島根に僕が得たものを還元したいなと思ったんです。それで四十五歳ぐらいで島根に帰ろう、と思っていたのが二〇二五年にガサキベースを終える理由の一つ。

もう一つは、ガサキベースはお店なんだけど人格に近い感じになってきたので、終わる前提で残りの期間を過ごしてみたいと思ったんです。

――それは面白いですね。人格っていうのは、法人格みたいなものではなく、ということですよね。

足立 そうですね。お客さんに対しての店の在り方もそう、支えられ方も人間っぽいというか。生きている感じがあるんですよね。店にいる僕らも「いらっしゃいませ」っていう声色をつくるんじゃなくて、「調子どう？」みたいな感じで始まる。素の感じで接しているので、店というより「人」って感じがあるんです。

じゃあ僕は四十五歳ぐらいで島根に行くって決めているけど、終わる前提では店に来る人たちと接せられていないって思った。終わってから「もっとやっておけば良かった」とは思いたくない。終わることを前提に過ごしてみたい。僕とお店にしても、お客さんとお店にしても「終わる」が頭にある時間と、なんとなくで終わる時間の蓄積は全然違うんじゃないかなと思うんです。店をちゃんと死なせたかったんですよね。僕ら夫婦としての締め方、ナマの死に方というか。

――ちゃんと店を死なせたかった、だからこそ今がより鮮やかに生きられると。しかしガサキベースが終わることについて、さみしさはないですか。

足立　不思議とさみしさはないですね。終わるまで二百日を過ぎたころ、うちがなくなると聞いて泣いてくれた人がいるんですけど。いろんな人の心に影響してる店なんだなとありがたくなりました。会社員時代に違和感を抱いていた、モノを売るだけのお店ではなくなったんだなと。

　ガサキベースが終わったからといって僕らとお客さんの関係性がなくなるわけではないし、むしろ色濃くなると思うんですよね、終わりが近づくほどに。そうやって終わりまでまた波紋が広がっていって、今見えていない景色が見られるのが楽しみです。


――島根に行ってからはどんなことをされる予定なんですか？


足立　宿屋と店が一体になったような空間をつくろうとしています。生活自体がビジネスでもあり、自分たちの生きている実感でもあるような。面白い人の話が聞けたり、こちらから何かアドバイスもできたり。ヤギも飼いたいし、野菜をつくって食べたいし。

「真っ白な球体」になるための摩擦の中で疲れちゃった人たちのヒントになる場所になればいい。自分たちの無理のない生活基盤をまずつくります。無理してるなっていうのは、分かるじゃないですか。

　だからへらへら生きて、働く。働くことを勘違いしないようにしようと思います。ほんまの意味での働き方。一時間いくらの仕事じゃなくて、働くことで食い扶持も得るような。

未完成でいいと思っているんです。つくり続ければいい。つくり続けることで、波紋を起こせればいい。波紋や影響は循環していくし、お互いが生きている実感を得られる。そうやって僕らの人生が誰かの良いヒントになってから、死にたい。

今は屋根の瓦を直したいし、家のそばの林がジャングルみたいになっているんで、開拓して子どもたちの遊び場にできないかなと勝手に考えています。

――足立さんは島根でこれからずっと暮らすことになるんでしょうか？

足立　今はまだ分かりません。島根が七、八割……とはなりそうですけど、尼崎は第二の故郷なのでやれることがあれば引き続き関わりたいと思います。これからは「何屋さん」というより「ノロシ」というキーワードだけ掲げて、狼煙《のろし》がいろんなところで上がっているように活動していこうかなと。

「アマ」ではなく「ガサキ」なのはなぜか

――そもそもの話なんですけど、「ガサキベース」っていう名前はどういう経緯でつけたんですか?

足立　ガサキベースを始めるときに地域との繋がりをもっと増やしていきたいと思ったんです。いろんな人に「尼崎の良さって何ですか?」と聞いて回ると「大阪にも神戸にも行きやすい」という、アクセスの良さが八割ぐらいだった。

これから店をやろうとしている自分からすると、「行ける」という表現がデメリットに聞こえたわけです。だって尼崎から出て行っちゃうわけだから。そうやってみんながそこだけ主張していたら、良い店が尼崎で誕生しないんじゃないかと思った。だから言い方を変えて「どこにでも行ける」じゃなくて「どこからでも来られる」にしたらどうだろうかと。

尼崎は「アマ」の愛称で呼ばれることが多いけど、それを「爆破」して、先入観なしに来てもらえるように「ガサキ」を前に出した。テレビで芸人さんが尼崎をガサツな町としてネタにする影響でできたイメージもあると思うんですけど、実際はそうでもない。素敵な場所もある。「来てみたら良いところでしょう」ってガサキって呼び方にして、DIY好きが集まる基地としての「ベース」にしようかって。

「尼崎は『ガサキ』やない『アマ』やで」って反応もあったんだけど、アマっていうアウトプットをしているとインプットもそうなる。そう見られる。「尼崎の定義づけはあなたの目で見てしてよ」って思うんですよね。

――尼崎の良さってどんなところにあると思います?

足立 田舎でも都会でもない、半熟なところでしょうか。下町感がいいですよね。独特の人の繋がり、温度がある。人の繋がりが濃厚な場所だからこそ、何かをやってみようとする人に「やってみようぜ」「がんばりいや」と応援してくれる素地があると思う。それなのに可能性が尼崎の外に向かって行っちゃってるのはもったいない。それだとただ家に帰って寝るだけのベッドタウンになっちゃう。

――ガサキベースを始めてから、尼崎が変わってきたところはありますか？

足立　ガサキベースの影響かどうかは分からないけど、町が変わり始める勢いを感じたのは二〇一七、二〇一八年ぐらいからかな。温度ある人同士が繋がってきた感じがあった。尼崎の人が、世の中的にいう「おしゃれな店」が尼崎にあることにびっくりするような（笑）。

それまでは尼崎でそういうお店をやっても生きていける気がしていなかった人が「やってみようか」となる流れが出てきた。

チェーン店ばかりじゃなくて、尼崎独自の、洗練されたお店が。そうやって大人たちの当たり前が子どもたちの当たり前になるわけだから、どんどん町が良くなっていくはずだと思うんですよね。

僕らだけの影響で変わったかどうかは分からないけど、波紋は残せたかなと思います。阪神電車の出屋敷近くにあるフードデリの「ガサキックスラボ」とか、「ガサキ」って表現もじわじわ出てくるようになった。インテリアにこだわったお店とかも。それまでの尼崎にはなかったけど、一つ生まれれば波紋になって広がるわけですよね。その影響は与えられたかなと思います。

手を動かすと昔と繋がる

——ＤＩＹ ＢＯＯＫＳの本棚もそうなんですけど、木を切って組み立てていると、他の誰かを想像したり思い出したりする。手で作業すると昔とつながるんじゃないかと思うんです。人間ってそういうところがあるんじゃないかな。

ＤＩＹ ＢＯＯＫＳには孔版印刷機のリソグラフを置いています。店で刷って、製本して本をつくる。そうやって折ったり綴じたりしていると……大げさですけど、活版印刷機をつくったグーテンベルクぐらいの時代に繋がったような感覚になることがあるんですよ。スピリチュアルな話じゃなく（笑）。

グーテンベルクの時代なんて、今の僕よりもっと面倒くさい作業を時間をかけてやっていたと思うんですけどね。「昔の人はどうやって本を綴じていたんだろう」「なんでこのかたちに落ち着いたんだろう」とか考える。

誰もが自分の手で、自分の手の届く範囲で何かをつくるべきなのに、すぐ代替する。外注しちゃう。便利だけど、どこか違和感を感じる。一方で、手でつくっていたら人が寄ってくるわけですよね。島根の土地で木を引っこ抜いていた足立さんのように。

足立　そうですね。でも現代社会では手作業は非効率だし、不合理なやり方ですよね。時間もかかるし。僕の島根の話で言ったら、思わぬ結果になりましたけど。何が起こるかは分からない。リスクもあるし、みんなができるかっていったらそうでもないでしょうから。

――人間って計画と無計画のあいだを揺れ動いてるというか……思った通りには人生って運ばなくないですか？

足立　うんうん。

――「こういう会社に就職したい」「こういう人と結婚したい」と思っていても、その通りにはならないこともある。でもその結果、幸せが訪れることもある。どっちに転ぶか分からないのを人間、避けがちだけど、ＤＩＹって偶然の出会いにもつながる行為。

足立　ただ「せーの」で一気にだったらいいけど、なかなかＤＩＹが中心の世の中になるのは資本主義の建て付け上難しいんだろうなあ、と思いますよ。

――何をやるにもお金がかかりますもんね。僕は以前「畑を耕したい！」と思って市役所に市民農園の空きがあるか電話したら「二年先まで予約が埋まってます」って返されました。ＤＩＹしようとしても何かの壁に阻まれる……というのはありますよね。

足立　あとは今の時代、なんでも調べられるので「分かりたい欲」が少なくなっている気がするんです。なんとなくの正解でいいや、という雰囲気。僕が小学校のころと違って、先が見えないことへの不安も昔より大きくなっている気がする。

幼少期を思い返すと、楽しく生きられていたのに、大人になってものを知れば知るほど動けなくなるんですよね。どうやるのが正解かを動く前に考えてしまう。僕の二十代はまさにそれで。「何が正解ですか」って先輩や社会に問い続けていたように思います。

子どもにはＤＩＹをさせよ（まず大人から）

僕が中学校のころは木工で何かをつくる授業は「技術」、裁縫や料理などを学ぶのは「家庭科」で、「技術・家庭」とひとくくりにされていた。そして技術も家庭も、入試で使うことはなかった。

ただ一人暮らしを経験して、家族ができて、起業したり店をつくったりするようになったいま、「技術・家庭」こそが人生には一番大事なんじゃないかと思うようになった。家計のやりくり、洗濯の仕方、お弁当をつくること。イスをこしらえ、壁紙の少しの破れを直す。生き抜くためには技術・家庭の力が役立つ。ＤＩＹである。

南野忠晴さんの『正しいパンツのたたみ方――新しい家庭科勉強』（岩波ジュニア新書）にあるように、各家庭ごと、各人でパンツのたたみ方は違う。同棲して、結婚して洗濯物をたたみ始めたときに、その違いをどう扱うか。相手に合わせさせるのか、自分が合わせるのか。それとも妥協点を見いだすか。多くの夫婦げんかは家事をする・しないだとか、トイレのフタが開けっぱなしだとか、シンクの水を拭《ふ》いていないとか……そういう生活の細かいすれ違いで起こるように思う。別の視点で見ると生活習慣には以前の家族の有り様、宗教・思想、何を大事にするかという価値観の問題があらわれる。

家庭科的な問題をどう調整するかというのは、実はコミュニケーションという人間の根本的な関心事をどう考えるかでもある。

――僕は自分の子どもには、いっぱいDIYをしてたくさん失敗して気づいてほしい。料理を自分でつくれたり、服のほつれを直せたり、自分で仕事をして稼げたり……そうなってくれたら僕も安心して死ねる。生き残るためにDIYすればなんとかなるんだよって教えたいです。

学校が嫌で行かなかったとしても、ガサキベースのような場所に丁稚《でっち》として住まわせてもらって学べることはきっとたくさんあるだろうなと勝手に思うんです。

足立　個人的にもそういう流れに持っていけたらいいなと思っています。尼崎には社会的な養護を受けるべき子どもがたくさんいます。その子たちが「自分の暮らしぐらいはなんとかできる」ってなって社会に出ていけたら良い。町の風景としても、お味噌を買っている人がいればつくっている人もいる、両方あるっていうのが自然で良いなと思うんですよね。大人たちがやること全部を外注していたら外注費を稼ぐために馬車馬のように働かないといけない。単純に、つくる大人が多い町って渋いですよね。

――尼崎がそういう町になったらいいな、と思います。尼崎はＤＩＹ精神のある大人の方が多いと思いますし。そういう大人のいるお店に行くだけで勉強になるというか、先生がいっぱいいるような。

足立　それが良いかたちですよね。

――僕は教育事業を手がける会社にいたんですけど、ずっと教育に対する疑問がありました。教育指導要領に沿って教材をつくるばかりだし、塾も学校の補習が多かった。今でこそプロジェクト型学習やアクティブラーニングがあるけど、やっぱり当時はやっても儲からない意識があったのかな。

受験を経て大学に受かって、良い企業に入る……がゴールで、それに合わなかったら需要がないことになる。そのゴールから逆算して小学校、下手したら幼稚園からの教育カリキュラムが組まれている。

今の教育のベースって明治のころにつくられたものですよね。元は兵士を育てるような側面もあったかもしれない。日本って平和なようでものすごく軍隊の要素が息づいている。ランドセルもセーラー服・学ランも元は軍隊のもの。学生時代は制服、社会に出てもスーツ。制服と縦社会。

ずっと僕も就職しかないと思って転職を繰り返してきましたけど、独立・起業してはじめて「あ、自分で稼ぐこともできるんだ」「もっと早く知りたかった」と思うわけです。

その第一歩が、毎日のＤＩＹなんじゃないかと。お味噌汁をつくるときにおいしい味噌のポイントを調べてみたり、椅子をつくるときにどうやったら真っすぐ立つのか計算したりして、血肉になる勉強をする。

足立　僕のおばあちゃんは漬物を漬けるんですけど、実家の地下に広い空間があったんです。僕はてっきりこの地下空間はおじいちゃんがつくったものだと思って「じいちゃんすごいね」って言ったらおばあちゃんに「生コン練ったり鉄筋曲げたりは女の仕事や！」って言われて（笑）。力仕事は男のものと思っていたけど、そんなことはない。おばあちゃんたちは戦争を経験した世代だから、保存食をつくらないと次の世代に繋げられないって思いが強くあったんだと思う。そのためなら生コンの練り方も覚えた。今の自分たちよりも学習意欲が根本的に違うな、と思います。

現代は潔癖なまでに合理的になんでも整理しますよね。欲が育ちにくい地盤になっているんじゃないかとも思うんです。自分でつかみ取る力も衰えがち。子どもの目の前で大人がぶちこけても食らいついていくような、かっこいい姿が見られたら子どものためにも良いんじゃないかと思うんです。

今は「子どもにこう聞かれたらこう答える」ということすらスマホで調べられてしまう。すぐかっこつけちゃうんですよね。

――誰も子どもが生まれるまでに事前に子育てのことなんか教わらないわけですよね。

親になって初めて学ばせてもらえるもので。状況ごとに対応していくしかない。そこでかっこつけて失敗を見せたくない感じがよくない。「てへっ」ができないんですよね。「パパでも失敗するんだよ。手、切っちゃった」みたいなことができたほうがいい。

足立　親こそ間違えるんだって見せることですよね。人間、未完成なんだって教えられるのは親なんですよ。

——僕はＤＩＹを通じて、多くの人が生活の中にアナログの比重をもっと増やすべきだと思うんです。

『武庫之荘で暮らす』というＺＩＮＥにも書いたんですけど、僕はウェブ業界が長くて腱鞘炎になるぐらいキーボードを打ったり、眼精疲労と肩こりでしんどくなりながらモニターを見続けたりしていた。東京や全国各地の人とリモートでテキストコミュニケーションをして感情のすれ違いを経験したり。稼げたとしても、ずっと画面に向かってそうやって一日終わる日々が続いたときに「人間的じゃない」と考えて。それでＤＩＹ ＢＯＯＫＳをやるまでに至ったんですけどね。

キーボードで打つのはデジタルな行為です。デバイスとか電子ということじゃなくて、デジタルって非連続っていうこと。アナログは連続性がある。リニア（線的）ノンリニア（非線的）と言ったほうがいいかもしれないけど。僕にはバラバラの文字のキーを打っているだけで、「書いている」って感覚がなかった

ところが記事を仕上げるにも企画書を書くにしても、手書きでラフを書くと一発で決まったりする。頭の中で何ページにしようとか構成をこうしよう、では決まらないんですよね。

デジタルにも良いところはもちろんたくさんあるけど、どうも現代はバランスが崩れている気がする。アナログが少し足りない。手でやることをもうちょっと習慣にしたほうがいい、健康に良いって思うんですよね。

足立　いろんな考え方がゼロイチになってきている気がしますよね。

——まさにゼロとイチのデジタル的な考え方。

足立　そうです。以前、通学中の子どもたちにブロック塀が倒れてしまった事故がありま

したよね。島根の家の、通学路に面したブロック塀に亀裂が入っているので、これはどうにかしなければと思った。はやく解決しようと思えば、壊してゼロにしてまた建てると思うんです。

でも僕はどっちでもないことをやろうと思って、半壊させたんです。無作為にブロック塀をどつきまくった。で、壊した塀をモルタルで塗り固めて曲線にしたんです。見た目がアニメの『まんが日本昔ばなし』の雲みたいになって、大人たちはびっくりだけど小学生たちは「かわいい」って言ってくれたりして。アナログならではのわくわく感。

――面白い。いまは白黒つけすぎな社会ですよね。SNSでの炎上もそうで。分かりやすく悪者と味方を分けて祭りを行う。つるし上げたら次の対象をイナゴのように探す。民俗学者の柳田國男なんかを読むと祭りって稲作と深くつながってたんですよね、昔は。というより稲作自体が祭りそのものだった部分もある。歌を歌いながら田植えをしたり、踊ったり。今は日常に祭りがなくなって、行き場がなくなって不健全なほうに転がっているように思える。個人のＤＩＹはアナーキーで勝手にやるものだけど、どこか祭りにも似ている。

足立　それは思いますね。ＤＩＹって「個人の小さくて厳《おごそ》かな祭り」だと思うんです。ChatGPTやＡＩ中心の世界って祭りがないような気がする。それを想像できる人間たちがいま、ＤＩＹで生きている感覚を、実証を得て取り戻そうとしているように思います。

――人間的じゃないですよね。炎上や拡散の祭りをＡＩに代替させるようになったら、いよいよ意味が分からない。

以前、ネット上のデータの数が地球上の砂粒の数を超えたことが話題になりましたけど、Ｘ（旧Twitter）で何かつぶやいても砂粒にしかならない。それでもその砂粒のような文字列、ゼロとイチの連なりだけで炎上して人の命が奪われてしまうことすらある。

ＤＩＹ ＢＯＯＫＳではいくらでもネットで書ける時代に、あえて部数の限られた紙のＺＩＮＥをつくっているわけです。『武庫之荘で暮らす』にしても手前味噌ですが部数や置く場所が絞られているからこそ確実に人に届いたりする。手に取ってくださった方には考えが伝わる。アナログなほうが逆に人に伝わるのかもしれない。

ＤＩＹは祭りっていうのは本当にそうですよね。「イェーイ！」ってなる。高揚感があるんですよね。やっている最中も、つくり上げたあとも。直せればさらに自信がつきますし。

足立　何かあったときに自分が再構築できるって値段がつけようがない価値だと思うんですよね。

——足立さんがブロック塀でやられた「直す」って行為は本当に素晴らしいと思う。直す技術がないとすぐに捨ててしまいますから。

足立　ＤＩＹの技術があればゴミも減りますしね。あとは例えばその辺の木材をゴミととるのか材料ととらえるのか、という問題もある。自然界の中の役割でいったら「分解者」みたいですけどね。そこにあるものをゴミではなく素材ととらえると、世界がまた開けてくる。外注しかできないとその活動は止まってしまう。作る人が増えて、つくる人への敬意もなくならないのが一番ですよね。

二項対立と秩序

子ども／大人、自然／秩序、アナログ／デジタル……世界を解釈するのに二項対立は便利だ。だが当然のことながら、世界は簡単に二つに分けられるものではない。

哲学者・西田幾多郎は人間を「絶対矛盾的自己同一」である、と考えた。人間は一見矛盾のように見える両方を内包する存在だ、と。人間は、足立さんが「死に際」に発見したように、東西南北あるいは天地・上下左右・タテヨコナナメ……いろいろな方向へ行き来する存在なんじゃないかと思う。大人でも子供っぽさはあるし、その逆もよくある。自然は秩序めいているようで、無秩序でもある。見方によって、観測によって人や現象の評価も変わりうる。

日本語の「人間」はもともと仏教用語で、「人のいる場所」のような意味だった。「世間」「世の中」を表すことばでもあったが、いずれにせよもっと包含的な意味合いがあるわけだ。

足立さんが「カクカク」に悩まされたように、B型支援施設の利用者の人たちが社会に「普通」を求められたように、子どもたちが自然な振る舞いを制御されるように、現代社会は秩序を重んじる。ある程度の秩序は必要だろうが、息苦しさを生じさせるところもあるように思う。

自然と秩序の問題は、物理学でいうエントロピーの問題ではないかと僕は考えている。今まで考えてきたＤＩＹと愛の繋がり、家族と経済と風景、ブリコラージュ、自分の表現を見つけていくこと。すべてをその瞬間繋げるのが「つくる」行為で、大元にはエントロピーと生きものとしての人間の問題があるのではないか。

しばらくエントロピーについて考察した上で、木と根っこと経済の話に戻ろうと思う。しばらくおつき合いいただきたい。結論としてはアイデアの飛躍、アレゴリー（比喩）があることも前提と考えてほしい。

生命はエントロピー増大に抗い「系」をつくる

エントロピーは「乱雑さ」「無秩序」とも訳されるが、「選択肢の多さ」ととらえたほうが分かりやすい。自然界はエントロピーが必ず増える方に向かう。その逆はない。カルノーやクラウジウス、ボルツマン、マクスウェル……物理学者たちの力で仕組みが解き明かされてきた。

エントロピーを説明する熱力学の第二法則は「熱は熱い温度から低い温度に移動する、その逆はない」だ。たとえば喫茶店で出された、水の入ったコップの中の氷はだんだん時間が経てば溶けていく。水が氷に戻ることはない（極寒の喫茶店でなければ）。

このときコップの中で何が起きているのか。氷の中の水分子のほうが液体の水分子よりエネルギーが小さい。凍って閉じこもって身動きがとれないイメージだ。液体中の水分子は動き回る元気さがある。

ここで水・氷を含めたコップ全体の水分子の分布を見ると、氷の中にやたらとエネルギーが小さい分子が偏っているように見える。これは自然じゃない。そこでエントロピー増大の法則に従って、水分子は平衡を保つため、氷から水に出ようとする。それが氷が水に溶けるという現象だ。十分に時間が経つとエネルギーの大きい分子も小さい分子も平衡して分布する状態になる。

実際にはコップという閉じた「系」と、コップの外のテーブルや空気といった「外界」

の温度差、エントロピー差も影響する。さらに速く動く分子とそうでない分子の量の分布は確率的にある程度従う「マクスウェル・ボルツマン分布」という法則もあったりする。

ひとまず、エントロピーが増える＝多様な選択肢をとろうとすることだ。自然界はとにかくエントロピーが増える方向に行こうとする。


一方で、生命はエントロピーの増加に抗う。肉、野菜などエントロピーが低下しきった（変化しようのない）死体を食べる。普通にしていれば身体も死体同様、腐敗しかねない。そこで酸素を取り込み二酸化炭素を排出し、他の生物の死体を元に細胞を変化させ続けてエントロピー増大による身体の崩壊に抵抗する。その抵抗こそが生命らしさとすら思える。

エントロピーはエネルギー循環の大元にある原則でもあり、人間もその循環の一部を担っている。太陽エネルギーから植物が光合成をし、それを草食動物が食べ、その肉を食べ、いずれ人間や動物も朽ちて分解され、その屍を元に植物が育ち……というのも太陽エネルギーが熱エネルギーなどに変換されていくサイクルで、外界と系の関係性で説明できる。

人間はＡ（アデニン）、Ｔ（チミン）、Ｇ（グアニン）、Ｃ（シトシン）の組み合わせのＤＮＡという「文＝系」で次世代に命を繋ぐ。文字という止まったもので、過去＝変わらないものを表現する。その文で法秩序をつくる。社会という系を形成する。プログラム文でネットワークとビジネスを構成する。人間の活動も、基本的にエントロピーを下げる方向に向かう。

エントロピーは物理学にとどまらず、情報エントロピーとしてコンピュータサイエンスや通信の分野でも活用されている。Google の検索サジェストも、ＡＩの答えの予測もエントロピー理論が元にある。光通信も５Ｇ通信も数学者クロード・シャノンによる情報エントロピー理論を元に、エントロピーを不確実性ととらえて、通信や圧縮を行う。実際にはジョン・フォン＝ノイマン、アラン・チューリングなど後の数学者が理論を実現させた。

理論物理学者のカルロ・ロヴェッリの『時間は存在しない』（ＮＨＫ出版）によれば、エントロピーが増大する矢印の向きだけが確かで、「時間は必ず未来に進む」という矢印は不確かだそうだ。ロヴェッリの研究する量子重力理論では、この宇宙で「同じ瞬間」というものは存在しないとしている。宇宙は絶えず生成を繰り返し変化し続けていて、過去・現在・未来という決まった番地が共通して存在することはない。この宇宙のものは相互作用していてただ「できごと」と「関係」だけがある……という。地球は宇宙の中でも異常なぐらいエントロピーが低い、「系」を形成し続ける特異点である。

絶えず変化し続けながらも、なぜか私やあなたは自分を自分と思い、ここに立ち続けることができる（かのように思える）。

その理由はまだよく分かっていない。ただ、何かしらその「系」を支えるリズムやパターンのようなものがあるようだ。それが絶えず生成を繰り返している。

ここまで来ると、量子物理学はもはや仏教に近いように思える。実際、カルロ・ロヴェッリは『世界は「関係」でできている』（NHK出版）で2世紀のインド仏教の僧ナーガルージュナ（龍樹）の『中論』と物理学の接続を試みる。

人は自分の「系」をつくる存在

日本的な仏教観や禅の思想、俳諧の文脈では、自然を常に変化する「無常」ととらえる。そのはかなさを詠い、茶室のように中が空っぽな空間に移ろう心や風景の変化を味わう。無常を無常のままとらえて表現する在り方はとても人間的で生命的だと思う。

人は自分の系をそれぞれつくる。本をまとめることもそう。エントロピーを下げる行為はすごく人間的で、生命的なのだ。だから何かつくると、本能的に人間は気持ちいいんじゃないかと思う。しかもつくることは、端的に現実を変えることでもある。折り紙で鶴を折るだけだとしたって、目の前のモノを物理的に変えるわけだ。つくることは常に現在にしかない。過去や未来に対してはあり得ない。だからこそ、「生きている」実感が得られる。要は自分がしたことに対する反響があるということ。因果応報というか、因縁に応じて結果が出てくる。生命は、人間は外界としての自然と、系を揺れ動く。エントロピー増大に向かう自然と、低下させようとする生命・人間は二項対立のように見えるがそうではない。人間が系をつくることすら、自然の一部だ。無常のなかで、人はつくる。それが自然だ。

「系」をつくるのは生命的だが、通信や交通網は擬似的な自然としてエントロピー増大を目指そうとする。都市でつくられた製品や情報を、交通網を通じて地方に分配する。通信は「1対n」の関係を容易に築ける。自宅で撮ったYouTubeやTikTokの動画が何百万回再生されるとか。

ただ、そのフィードバックが身の丈に合っているか。これが問題なのではないだろうか。SNSの炎上や外注仕事、誰の役に立っているか分からない仕事は、フィードバック元が不明だったり大きすぎたりしてストレスがかかるのではないかと思う。

ＤＩＹというのは、とても身の丈に合った行為だ。僕が少部数の個人的な制作物「ＺＩＮＥ」を薦めるのは、身の丈に合っているからだ。ページ数や部数が少なくとも、それがその人や表現したいことに合っているのがいい。そうすれば、余計な炎上もしないし、しっかり届けたい人に届く。そのフィードバックは引き受けられる。

論理を積み上げて、お金のためにつくるのではなく、ただ暮らすために必要だから、つくりたいから「系」をつくる。それは文でも仕事でもイスでも畑でもいい。人間関係でもいい。身の丈に合った関係性こそが本来の意味での経済ではないかと思うし、その「経済合理性」こそが尊重される社会の方が生きやすいんじゃないだろうか。

気が向いた方に進む。それは本能で、自分の機嫌がよくなる方向を探しているのだと思う。根を這うように、自分の系をつくろうとする。

そこに別の系が登場する。秩序だ。人間が、数千年近く育ててきた、ノウハウの集大成。それは知らない人がやりとりする、文が統制する「社会」であったり、知っている人同士のムラ社会的な、声による「世間」であったりする（この辺の話は別に著したいと思う）。そこにはいろんな論理が存在する。多数決であたかも一つの論理しかないように思えたりもする。でも本当はそうじゃない。それぞれの論理があるし、それぞれの合理性がある。

人間がつくる系は、植物の根っこに近いかたちをしているかもしれない。生きるために根っこという系を伸ばしていく。根っこをしっかり張ることもできるけれど、人間は自分で根っこを抜いて、違う鉢に住み替えることもできる。

エントロピーの話を経て、とても単純な話だが、結局人間は動物なのである。鉢から鉢に、動くことができる。

木を引っこ抜いてみた

二〇二四年十二月、僕は島根県・江津市の足立さんの家にお邪魔した。

大阪から江津に行くには五~六時間かかる。新幹線で広島に向かい、高速バス「いさりび号」に乗り換えて、浜田駅まで行き、ＪＲ山陰本線・出雲市行きで江津に向かう。駅まで足立さん夫妻が迎えに来てくれ、家まで案内してくれた。

着いてお茶を飲んでしばらくして、足立さんと一緒に庭の木を引っこ抜いた。

木を引っこ抜く、といっても雑草を抜くようにはうまくいかない。木は根っこを縦横無尽に張り巡らせている。ちょっとやそっとの風や雨で倒れないように、石やアスファルトの間を器用にくぐって硬い根をつくる。放置されて七年以上経った木の根っこはそう簡単に抜けない。まずツルハシで大雑把に切り株の周りの土を削ぎ、太い根がどのように張っているか把握する。ときに手で土をかき、その行方を探る。根っこの先端までたどりつくのは難しい。そこで根をハサミやオノで断つ。オノの重さに任せて振り下ろすが、そのたびに太ももや背中の普段使っていない筋肉が悲鳴を上げる。木の根は硬いだけじゃない。弾力もある。だからときにオノを弾き返す。

汗をかいてようやく土と根を切り離せたら、金属製のワイヤーを根のトンネルに通し、フックに引っかけて、チェーンを一気に引っ張る。てこの原理で最初はびくともしなかった根っこがどんどん上がる。根っこの周りの地面がめりめりと盛り上がっていく。あまり嗅いだことのない、土のにおいがする。

そうして一、二時間で四株ほどを抜いた。もう腕も脚もぼろぼろだが、木の根が引っこ抜けた瞬間は爽快だ。なんともいえない達成感を味わえる。

運動した後に飲む水はうまい。それこそ自分の根っこに染み渡るようだ。久々に土仕事をして、身体が悦に入っているように思えた。

愛のあった家と、ルーツへ

僕は足立さんが二軒目としてもらった家で寝泊まりさせてもらったが、間取りは８ＬＤＫと広い。どうやら元々あった母屋に、さらに二階建ての家を増築したらしい。トイレのドアノブの回転が逆になるなど愛嬌があって、どうやらおじいさんがＤＩＹで作り進めた部分があるようだ。足立さんは「おじいさんからおばあさんへの愛を感じる」と言う。戸の高さ、シンクの隣にある洗濯機、その裏の縁側からすぐに衣類を干せる動線。

二階には子ども机にノート、壁には旅行先で買ったとおぼしきペナント、人形……家族の痕跡が丸ごと残っている。愛情をかけてつくられたとしても、どうしても放置するしかなかった事情があるのだろう。こういった家が全国にあるはずだ。浜田駅から江津駅に向かう電車から見る国道沿いの風景にも、空きテナントがたくさんあった。そこには場所が悪いという理由があるかもしれない。経営者の事情もあるだろう。一方で、これだけの広い物件がたくさん残されているのはチャンスだし、宝にあふれているとも思う。

次の日の朝、桃子さんが握ってくれた塩おにぎりをいただいてから、足立さんの車で安来市に向かう。江津から安来へは、出雲・松江、宍道湖《しんじこ》を経由して、島根県の西から東へ二時間弱の移動だ。途中、足立さんが通った小学校と中学校を通過する。足立さんの実家からは両方とも歩けば四十分以上ありそうな距離だ。

いつの間にか周りが田んぼだらけ、こんもり木が茂った山に囲まれている。

「ここです」と足立さんが車を停める。

広い敷地の中に、母屋と何軒かの小屋が建ち並ぶ。養蚕をしていたという建物に、トラクターや農業用具が並んだ作業小屋。立派な庭もある。気がつくとこれから誰かが何かを植えようとしているのか、小屋の脇に小さな畝《うね》がある。途中で作業が止まったと見えて、スコップが地面に突き刺さっている。

この家では足立さんのお父さんとおばあさんが暮らしている。おばあさんは九十歳を超えてもご健在で畑仕事に精を出していたが、数年前に認知症を発症したらしい。同じタイミングでお父さんも認知症になった。僕らが着いたタイミングでは、おばあさんはデイケアに出かけていて、ヘルパーさんがお父さんの様子を見に来られていた。

お父さんはスナック菓子を食べながらリビングでテレビを見ている。

「今度うちらのことが本になるんだよ」

と足立さんが紹介してくれて、お父さんに挨拶をする。

二人の認知症が発覚して足立さんや桃子さんが訪れるまで、部屋は荒れ放題で足の踏み場もなかったらしい。老老介護とはいうが、二人とも認知症となると相当にハードな状況である。ヘルパーさんを中心に、足立さんや叔父さんたちがこうしてときどき様子を見に来ているようだ。

壮絶なものを含め、この家には歴史があった。文脈があった。同時に確かに愛情があったことも分かる。ほとんどの小屋をおじいさんたちが建てたというから驚きだ。そこには家族を守る、暮らそうとする思いがあっただろう。そのための養蚕で、畑で、小屋だったわけだ。


「この家はどうなるんですか」

と聞くと、

「いずれ潰したいなと思うんです」

と足立さんは答えた。

別れ際、足立さんのお父さんが「郵便局に行ってくる」と言って、ママチャリをキコキコ漕いでいった。と思うとすぐ戻ってきて、桃子さんにトウガラシを渡した。

「そこの畑でとれたんだ」

そう言うとお父さんは行ってしまった。

僕は故郷の秋田でいつも遊んでいた、友だちのHくんのおじいちゃんの家を思い出していた。足立さんの実家にすごく似ている。田んぼの中に建っていた家で、レゴブロックみたいに増築を繰り返していたと思う。ファミコンをするでもなく、ただそこにいるのが楽しかった。田んぼの脇で金色のナマズを獲って喜んだ。近くの無人ガソリンスタンドでボール遊びをした。帰りの車で見た大山《だいせん》は秋田の地元でいえば、太平山《たいへいざん》だ。遠い東北と山陰だが、同じ日本海側。曇りが多いのも似ている。

足立さんと自分の育った環境の近さを思った。いつの間にか足立さんとの旅を通して、ルーツとしての「根」に僕は向かっていた。ただ、そういう風景が終わろうとしている。

僕の秋田の実家にはもう別の人が住んでいる。足立さんの家もなくなるかもしれない。足立さんは同じ島根ではあるけれど、今まで縁のなかった江津の地で新しい暮らしをつくろうとしている。

親心と戦争と百姓

戦争を経験して、いかに明日子どもたちを食べさせるかを考えてきた足立さんのおじいさんとおばあさんたちは、子どもには楽をさせたいと思うようになった。しんどい百姓仕事をさせずに、町に出て学校に行き、就職しろと。それは確実に親心なのだけど、それがDIYや、自分で暮らしをつくる力や、自然や人の営みと仕事を遠ざけた部分はあるのかもしれない。高度経済成長期はそれで良かったところもあるだろう。やればやるほど儲かる。お金で家も土地も買える。ところが不況になってからも「働いてお金を得る」ことだけが仕事や暮らしの中心になってしまった。

足立さんはそのお父さんの姿や、ばらばらになってしまった家族の姿を見て「こうなりたくない」と「カクカク」をインストールするが、結果的にそれで挫折してしまう。そこで見つけた真理は、結局のところおじいさんやおばあさんの世代の暮らしに近いものだった。百姓のように野菜をつくり、家をつくり、人が集まって暮らす。

足立さんとお父さん、おばあさん。ここの世代間格差は大きい。実際、自分の家族を見てもそうだ。僕の父は全共闘世代にあたり、学生運動にも加わった。その後は働いてきたが、母によく「生活能力がない」といわれる。それでも最近は自分でごはんをつくったり洗濯できたりするようになったなと、僕が子どもながらに思うけれど。

資本主義（Capitalism）の在り方を見つめ直し、「つくる喜びを何より大切にする＝Creativitism」の意義を提唱する雑誌『新百姓』の編集長・おぼけんさんと足立さん、僕でトークイベントをした際にもこの世代間格差の話が出た。

おぼけんさんの父は大分で兼業農家だったが、稲作を辞めた。その理由が「金にならない」だったことにおぼけんさんは疑問を持ち、あえて金融業界に入ってスタートアップ支援などの経験を積んだあと『新百姓』をつくった。おぼけんさんが東京の下北沢などでイベントをすると、二十代ぐらいの若い世代が熱心に話を聞きに来ると言う。若い人は新しい百姓としての暮らしに興味を持っている。

「結局、孫世代がその暮らしの良さを再発見してるんですよね」

と、おぼけんさんは話す。

　百姓仕事やＤＩＹが伝承されなかった問題の根っこには戦争があるのかもしれない。戦争を二度と経験させたくない親の心。一方で戦後、資本主義社会のもと経済的に豊かになったとはいえ、人間的には不自然なエントロピー増大に向かうように、国外生産や外注化、低賃金労働が、ブルシット・ジョブが増える。領土や資源の奪い合いから、また戦争が起こっている。身の丈に合わない欲望が不安を加速させる。ロシア・ウクライナ戦争やイスラエル・パレスチナ戦争、中国や北朝鮮の脅威、全世界的な政治対立・分断など不安定な状況、経済的な問題。それが若者を「百姓」への興味に導いているようにも思える。

根っこを逆に帰る

　島根から尼崎への帰り道、長い高速道路の道のりを足立さんが運転してくれた。最初は音楽をかけ、談笑するも四時間も経つとだんだんと会話は少なくなっていく。

都市に向かう「上り」の道を行けば行くほど、整ったリズムで街灯が置かれるようになる。サービスエリアにいる人たちの格好も、僕らを見る視線もどこか違って見える。宝塚ICを降りると、隙間なく建物が建っていることに改めてびっくりする。光が多くて目に刺激が強い。考えてみると、根っこの逆をたどってきたわけだ。都市から地方へと根っこのように広がっていく樹形図の逆を来て、いわば中心、幹へと向かってきたのだ。

都市はエントロピーの低い、情報の集積地だ。思ったのは、自然が近ければ簡単に起こる「偶然の出会い（出合い）」が、都市では人間や人工物に集中してしまいがちではないかということ。

DIY BOOKSはほとんど開いていない本屋だが、本屋の価値は「偶然の出合い《セレンディピティ》」にあると思っている。あらかじめ特定の何かを買うと決めて買うというより、本棚を眺めていて気になった本を買う。

SNS全盛になって、レコメンドはAI（というよりアルゴリズム）によって簡単に行われるようになった。ただそれはあくまで計算の範囲内でしかなく、YouTubeで一度陰謀論の動画を観たらひたすら「関連動画」に陰謀論動画が上がってくるというフィルターバブルがはびこるようになった。

人と人との出会いもそうだ。マッチングアプリは言うまでもない。人と店の出会いもそうで、お金を払わなければ滞在できない店が増えてきた。実際、店を開いてからお客さんからそんな感想をもらうことが多い。「とりあえずのぞいてみよう」がしにくい。ボーッと本が読みたいけれど、カフェでまずはコーヒーを買う必要がある。時間制限もある。商売側としては当然なのだけれど、一方でそういう、目的がなくてもとりあえず人と話せる、ボーッとできる「はざまの空間」が少ない。

尼崎市長・松本眞さんと足立さん、僕でのトークイベントでもそんな話になった。私《わたくし》と公《おおやけ》がくっきり分けられすぎている場所や機会が多い。一方で、尼崎という土地は道を歩いていれば声をかけてくるおばちゃんがいるように、少しその境界が曖昧である、と。

自分の子どものころを考えても、確かに私と公はもっとあいまいだった。松本さんが例に出したのだが、学校の先生の家に行ったり、先生が飲み会にいたりなんてことは、特に昭和の時代にはもっとあった。今はそれが問題になってしまうし、実際親としても心配ではある。

ただ一方で大人の違う面を見られる公私が曖昧な場の方が、偶然の出会いがたくさんあって豊かではないかとも思う。レコメンドや拡散は人間の活動ながら不確実性の高いエントロピー増大に向かうように見えるが、実はアルゴリズムなどの仕組みが裏にある。一方で、本屋のように完全に変化しようのない、エントロピーの低い本を置く場所には偶然の出合いがあって、不確実性が高い。偶然の出会いは、その場に目的を持って臨むかどうかでもたらされるように思う。

それぞれの論理へ

都市では起こりにくいセレンディピティが、ガサキベースで起こり、結果的に足立さんは家を手に入れた。それはお金を目的としてではなく、ただ話に来られる場所を開いたからではないだろうか。そして手を動かして木を引っこ抜いていたからこそ、二軒目ももらうことになった。もちろん誰もが同じような結果に至るとは限らない。

ただ足立さんは「家をもらいたいからガサキベースをつくろう」なんて微塵《みじん》も思っていなかった。結果から逆算する論理は『花咲かじいさん』でいうなら、「いじわるじいさん」

の発想に近いのかもしれない。ただ慎ましく暮らしている親切なおじいさんには「ここほれわんわん」のイベントが起こるけれど、はじめからお宝を得ようとするいじわるじいさんにそれはない。もちろんこれは童話・民話の文脈でもあるし、逆向きの経済の論理がすべての場合において間違っているわけではない。経済にかかわる論理手法は一つではない、ということが言いたい。

足立さんの例でいえば、ただ偶然の出会いがあった。同時に、来た人との共鳴があって、関係性ができる。それが縁起となって、結果として家をもらうことになった。

往々にして、いわゆる「経済」の論理は「結果」を先に考えがちだ。お金をもらう、家をもらう、フォロワーになってもらう。そのためにサポートする、営業する、発信する。結果が先にあって、その結果を起こしうる原因を探す。そのための行動をとる。

ところが「木引っこ抜いてたら家もらった」的な結果というのは狙ってもできない。二つの論理手法の間では、因果関係が逆なのだ。「家」という結果は「木を引っこ抜く」で必ず出力されるものではない。

予算や年度計画を考える上では「偶然に任せて経営します」とは言いにくい。だが「YouTubeやSNSでは登録者数・フォロワー数が多いほどビジネスに有効」という考え方があるし、常連が多い・社会的関係資本が豊かだと、リアルビジネスでは価値があるともされる。ガサキベースは二〇二五年に終わるが、二〇二四年が一番収益が上がっているということだった。関係性の強い人や口コミでどんどん仕事の依頼が増えているという。もちろん闇雲に動けばいいというものではないだろうが、関係人口が増えていけばお金の文脈でいう経済的効果も上がる可能性は高くなるのではないか。

足立さんたちはＤＩＹし続け、モノや場をつくり続けたからこそ関係性ができ、結果として家や次の仕事がもたらされるようになったわけだ。

つくるから縁ができる

経済の論理は論理の一つでしかないのに、多くの場面で適用されがちになってしまっている。自分の子どもに「早くご飯食べ終わって」とか「学校に間に合わないよ」と言ってしまうのは、登校時間・校則があるとか、生活習慣をつけるとか、そういう意味はあるだろう。ただ元をたどれば、親の仕事や教師の仕事の時間制限がある。その前提には「給料をもらう」がある。時間を守らなければ（特に日本では）非難されがちなのは「時間対効果」、つまりお金をもらうための論理に我々が縛られているからだろう。

「自然《しぜん》」に対して「自然《じねん》」ということばがある。仏教用語で、外部からの力ではなくそれ本来の性質で結果を生み出すようなことだ。「自《おの》ずから」と「自《みずか》ら」でいえば、「じねん」は「おのずから」に近いかもしれない。同じような言葉なのに、ちょっと違った、逆にも見える意味を持つ。ただそれが当たり前なのかもしれない。経済の論理をすべてに当てはめればおかしくなるように。現実に起こっていることはあくまで観測者の恣意性によって意味が変わる。

「木を引っこ抜く」という行為をとっても、ＤＩＹ的な、「自ら」積極的に行う行為でもあるし、「家をつくるため」という合目的性もあれば、自然とそうせざるを得ずに行う行為であったりもする。つくるという行為は、おのずからでもあり、みずからでもある。

一本のブナの木が生えると言っても、実から根が出て木が出てきた……という原因と結果の、「線」の論理だけでは本来は説明しきれない。太陽の光で気温が上がり上昇気流が起こって雨が降る。太陽光から木が光合成して酸素を出し、生物が吸う。植物を食べた草食動物を肉食動物が食べ、排泄をし、分解者が分解する。土が育つ。風が木を揺らし実を落とす。鳥たちが実を運ぶ。すべて太陽光のエネルギーが熱エネルギーに変換されるまでのエントロピーの流れである。やはり縁起だ。

関係性の先に結果がある。その関係性・系をつくるのは、二項対立的な矛盾を瞬間で繋げる「つくる」行為に他ならない。身の丈に合うだけ根をのばすように。根をのばすことで身の丈が分かるように。根の進みたい方向をきちんと分かる自分でいることが大事だろう。そのための一歩が、自分で自分のことをすること。ＤＩＹなのだ。

論理的思考は一つではない

渡邉雅子さんの『論理的思考とは何か』（岩波新書）では、国や宗教観によって論理的思考の形式が違い、論理を場面によって適切に使い分けることを薦めている。

結果から逆算する経済の論理はアメリカ的。でも国を変えれば、論理的かどうかの尺度は変わる。たとえばイランではコーランを真理として、例証を繰り返しつつ神への感謝や警句の引用でしめくくる論の展開がある。フランスでは、ヘーゲル的な正→反→合の展開が論理的とされるが、これはフランス革命を経て共和制に参加する市民を増やしたい意図にも繋がる。そしてその論理の型は、作文教育と繋がっている。

日本の小学校で教えられている感想文は、芦田恵之助ら教師たちによる生活綴方運動の影響を受けている。生活綴方は子どもたちに「ありのままの生活」を書くことをすすめ、内容の批判より過程を重視する。まさに無常を見つめる禅的思考や俳諧・写生文の流れもくんでいる。僕は「本屋・生活綴方」に行ったあとにこの運動をくわしく知ることになるが、まさにこの生活綴方が自分がＤＩＹ ＢＯＯＫＳを始めた理由の一つだったと思い出した。足立さんとの旅を通して。

生活綴方運動は地方の子どもたちのリアルな生活を写し取り広まるが、治安維持法の成立もあって下火になる。地方の窮状が分かることは体制側にとってはよくなかったのか。子どもたちの生活にこそ、自然や社会が映し出されるように思う。これからもまた、子どもたちの暮らしが文として表れてくる場所を育てていきたいと考えている。

木の幹や枝葉の表現が人を繋ぐように、根っこを見つめ直して暮らせるように。今まで確認してきたような意味が「経済」にあるとして、経済と論理性が繋がり、論理的思考の種類が一つではないのなら、経済合理性も一つではないのではないか。

根を張って生きる

旅の最後、足立さんと桃子さんが僕を足立家のお墓参りに連れて行ってくれた。お墓は山の上にあって、途中から階段の代わりに木の根っこが薄い板のようになって段差を形成していた。落ち葉で埋もれたお墓をきれいにして、手を合わせる。

山を降りる途中で「根を張っているから山が崩れない」という話を足立さんがした。土砂崩れの文脈でも聞いたことがある。山が土を繋げていて、水分も蓄えている。だから森林伐採が大雨による土砂崩れの影響を起こすことがある、と。

社会が一つの山だとして、一人一人の個人が根をしっかり張っているからこそ山が崩れない……とも考えられる。表現としての枝葉があったとしても、その枝葉末節にとらわれすぎないのも大事なのではないか。その「根」というのは、その地域や家族、繋がりへの帰属感でもあり、生きている実感の積み重ねでもある。当たり前だが、それなしに人は存在しえない。

自分は根無し草だった。九州生まれの両親が秋田に仕事で来たときに生まれたのだが、姉二人は関西生まれで、秋田生まれは自分だけだった。今も故郷の秋田の夢を見ることがあるが、実家が関西に移ってしまい帰る場所がない。東京に出たころ、その「根のなさ」に泣いたこともあった。

今もずっと望郷の気持ちはある。ただ、どこに住むか、誰と生きるか、何を仕事にするか、誰の役に立つか。それがどう自分を形成するか見つめ直し、自分で「ここに住んでいる」という旗を掲げることが大事だと思うようにもなった。結局どこに行っても自分はストレンジャーで（ひとたび家の近くを離れれば誰でもそうだろう）、その在り方を気に入ってもいるわけだから。

僕は『天空の城ラピュタ』のラピュタのようでありたいと思っている。どこかにしっかり根づけるようでもあり、いつかまたどこかに行って、また根を張れるような存在でいる。しぶとく地を這い、根を張る。自分らしい樹形をつくる。その末に人と繋がり、どうにか生きていく。足立さんがもがきにもがいて生き方を見つけて、やがて家を手にして、また開拓していっているように。

ライオンやワシにとっての「狩り」や、リスやモズにとっての「採集」のような特技が動物それぞれにあるなら、人間にとっては「つくる」がそれなんじゃないだろうか。世界に生まれ落ちて、赤ちゃんは愛着を求める。親に、家族に、おもちゃに、空間に。それが人それぞれの系をつくる。根を張る。それが生きるということで、人の大元には愛着があり、ＤＩＹは一つの世界への愛情表現なんじゃないかと思う。

足立さんに将来どんな存在でありたいのか聞くと、こう返してくれた。

「究極は、僕は木になりたいんです。木って名前はなくてもそのかたちで『あの木』って分かるじゃないですか。集合場所になるような。果実を残しながらも、いつかは枯れる。土に戻って養分になる。姿はなくなるんだけど、ちゃんといる。それに木から何かを攻撃することはないですよね。災いが起きようが、中立のモノになる。そうなって死ねたらいいなと思っています」

終わりにかえて。文とつくること

僕は文学を学び、書く仕事をしてきたこともあって、どうしてもすぐにアレゴリー（比喩）で考えがちだ。ただここまで書いてきて、それがあながち悪くもない、と思うようになった。

エントロピーやルーツとしての「根」も、自然や「自ずから」も、「根なし草」も、人間が自然や体験によって触発されて出てきた言葉であり比喩なのだ。ブリコラージュとしてのディスクール（言葉による表現）であって、編集に他ならない。ただこれは僕が編集を生業としているからではなく、人間とはそういう生きものなのではないかと思うのだ。

生活綴方の「ありのままの暮らしを書く」発想の大元には、禅的な俳句や俳諧の精神がある。それは僕が理想とする、科学者・随筆家の寺田寅彦の在り方にも近い。寺田寅彦はX線の研究や、金平糖の特徴的な凹凸のできかたや、地割れやひび割れとキリンの模様のできかたなど……ユニークな研究を残した。同時に『団栗《どんぐり》』など随筆の名手でもある。夏目漱石の生徒の一人だったが、同等に話せるぐらい一目置かれた存在でもあった。

俳諧的に「よのなか」の流れ、自分の暮らしのなかでの気づきを別角度で仕事にする。実はこれは誰もがやっていることなのではないかと思う。

ただ、今はノイズが多い。スマホにしても動画サイトにしてもSNSにしてもそうだし、「こうしろ」「ああしろ」という主義・「イズム」の押しつけや洗脳まがいの自己啓発が横行している。

本来はもうそんなものはどうでもいいというか、自分の暮らしや、いま現実で現在起きていることをいかに受け容れて楽しくいられるかが一番なのではないかと思う。それを詠むように言葉にする。たぶんそれが僕のやりたいことなのだ。縄文時代に生まれても、僕は何かを書いていると思う。狩りでは役立たずだけど、どこにマンモスがいて、どこで美味しい木の実が採れるか、地図にするだろう。長老の話や昔起こった災害を何かしら残そうとするかもしれない。それは想像がつく。それが自分の「生来《しょうらい》」だと思っている。

足立さんとその話をしたら、「僕は真っ先に食べちゃいけないキノコを食べて死んでると思います」と言って笑った。

木のかたちや葉っぱ、根っこは好き勝手に伸びているように見えて、一番効率の良い道を選んでいるのかもしれない。というより、そのかたちが生きのびるために必要だからだ。そうやって行動してさえいれば必ず、家をもらえる・暮らせるとは思わない。そうではないが、少なくとも自分の暮らしを自分でつくれるようになれば最低限のラインは超えられる。料理や家だけでなく、家にしても、庭にしても。

仕事＝誰かのためにするもの……という定義に半分納得しつつ、していない。分解者のように、一見ゴミのようなものから家具をつくるようなことも一つの仕事だ。自分のためであっても、誰のためでもいい。「有機的」「生かし合うような」という表現がピンとくるのだが、難しい。ただ、自然としての社会の循環の中に生きられる在り方をどうにかして見つけたい。

もし僕と同じように毎日もがいている人がいて、この本が何かのヒントになれたならうれしい。

ここまで読んでくださってありがとうございました。そして足立繁幸さん、足立桃子さん。突然のお願いの中、鷹揚《おうよう》に出版や取材の許可をくださりありがとうございました。今後のお二人の取り組み、これからも刮目してウォッチしていきます。

取材やイベントの運営、出版にご協力いただいたみなさま、イベントにお越しいただいたりカンパをしてくださったみなさまにも本当に感謝しております。

そしていつも無茶なことをしてしまう僕を支えてくれる家族に。いつもありがとうございます。

平田　提

あとがき

足立　繁幸

「あとがきを書いてもらえないですか？」と平田氏に言われた。そもそも「あとがき」ってなんだっけな？と調べてみて、わりと内容はなんでも良いのだというふうに理解した。これを書いている現在まだ僕はこの本を読んでいない。当然内容については語れないので自分なりに近ごろ思っていることを綴ってみようと思う。

三十代で一度自分がバラバラに崩れるというターンがあった。目の前に広がった自分の破片を一つ一つ拾い上げていくなかで、とりあえず歩き出すのに最小限で、身軽に。迷いがあるものとはさよならして、ちゃんと目が合うやつだけを自分に戻すことを意識した。するとを五十分の一サイズの僕ができ上がった。昔話に出てくる一寸法師のサイズ感。それはそれは小さくて、とてつもなく愛おしい。歩みは軽やかで、色も鮮明で鮮やか。どうやらこれまでどうでもいいことに気を使いながら、自分を大きく見せるためにどうでもいいものを取り入れ肥大化して、気づけばろくに呼吸もできていなかったようだった。一寸法師サイズの肺で最大限の深呼吸をしてみると、視野が広がり、世界に埋もれた環世界ってやつの存在に気づいた。バラバラにならないと気づかないようなものもあるんだなと僕は理解した。

そういった経験の中で僕なりに納得したことがある。「良いこと」とか「悪いこと」というのは今この瞬間では確かにそういう認識なのかもしれないが、未来ではどちらでもなく、人生という目線においてそれは唯一のスパイスであり、それらを大切に人生に調和できる創造の力が根底の部分にあることが、生きていく上で非常に大切なんだと。「良いこと」も「悪いこと」もそのまま脳内に溜め込むと、消化不良が起きて心のバランスが崩れることも同時に学んだ。過剰に怯《おび》えたり、避けたり、誤魔化したり、見て見ないふりをしたり、下手したら誰かを貶めたり……そんなことをしても結局ろくな未来に繋がらない。

目の前にある物質や現象を「良い」「悪い」と分けるだけではなく、未来にどう調和させていくのか、言い方を変えると目の前の現実をどう調和して子どもたちに伝達していくのかという創造力が問われる時代になったと感じている。

これは「波風立てない」というやつとは似て非なるものだ。ところが肝心なその創造力がどこかの時代に置き去りにされているような気がしてならない。少なくとも「でっかい僕」はそんな創造力を用いた暮らしや生き方はしていなかった。あのころの僕はお金一つ例にとっても、それがあれば豊かに暮らせると信じて疑わなかったし、お金がある状態を「良いこと」として集めて、未来にそれをどう調和させるかなんて考えてもなく、逆にお金がないのは「悪いこと」で、ただ恐怖として自分の中を浮遊するだけだった。

一寸法師サイズの目を見開いて世の中を見てみるとそのような創造性を持つ人間に出会う事ができるようになった。そんな人たちに出会うとなんだか「大きな木」に対峙しているような気持ちになる。例えば大雨が降っても、カンカン照りでも、芽吹いても朽ち果てても、近くで何かが生まれても死のうとも、ただただそれでしかなくて、ただただ未来に調和していく。希望に似た「捨てたもんじゃないな」という気持ちになる。いつからか、できることなら自分もそんな「木」のような人間として存在したいなと思うようになった。あくまでも、木のような、だ。

学生時代、僕は爆裂にお勉強が嫌いだったし、出来が悪かった。数学で答えが「『A＝1』？イコールなんだったらどっちかにしてくれよ」って思っていたし、英語や国語も気合いで伝わるでしょと思っていた。論理的に考えるのもとらえるのも苦手。文学的なことも苦手、感覚や衝動のままにずっとふわふわ遊んでいたかったが、時間は待ってくれなくて、嫌々ながらも社会に出る日を迎えることとなった。

感覚や衝動のままに生きるのは大人として「良く」ないのだ、大人ってやつは論理的に合理的に未来を切り開いていくのだと、でっち上げのスローガンを掲げて社会に出た。あれから二十五年たった今、あの時掲げたスローガンを引き裂いて捻って紐状にしてハチマキと腰紐として活用しながらも感覚や衝動を大事に今を楽しく生きている。

話は変わってこの本の制作中、妻の桃子が詐欺に遭い、多少のお金を失い、まさか自分が詐欺にひっかかるなんて！という精神的ダメージを受けた。その詐欺の手口から推測すると相手は頭の回転が速く、心理学なんかも学んじゃってるタイプのプロの詐欺集団なんだろうと思う。回りくどくなってしまったが、人間それぞれ特性があり、それ自体は未来において「良い」「悪い」でもなく、結局それをうまく未来に調和させることができるのかどうか、どんなタイプの人間だろうとも何が起ころうとも、それはきっと同じなのではないかと思っている。

ちなみに桃子が詐欺に遭ったできごとは、うちではとっくに笑い話へと変換されている。

「つくる」という行為は「生きてるぜ」という感覚に割と直結している気がする。そしてその「つくる」の動力は「良い」「悪い」どちらの性質かなんて問わない、なんでも良いのだと思う。大切な人に喜んでもらいたい、この環境を改善したい、愛を囁《ささや》きたい、世の中の不条理に物申したい、いずれにしても「自分が何々したい」、結局自分のためなんだと思う。そんなふうに考えていくと、「つくる」ことで良いも悪いも「今」に調和され、「生きてるぜ」に変換され、やがて未来に繋がるのではないか……そう思っている。そんなんなで、生きてる限りはなんだって良いから、その時できるやり方でその時できるものごとをつくり続けたいなと思っています。

最後に、いつも応援してくれているみなさま、僕みたいなもんを本にしてくれた平田氏、妻の桃子、僕に関わってくれたすべての方にお礼を言いたい。本当にありがとうございます。そしてこれからもよろしくお願いします。

二〇二五年一月二十三日 晴れ　足立 繁幸

語り手　足立 繁幸（あだち・しげゆき）

1980年、島根県生まれ。兵庫県尼崎市戸ノ内にあるガサキベースの番頭。2014年からガサキベースの立ち上げに関わり、その後自分の事業とする。尼崎を始めとしたさまざまな地域で、DIYを通した店づくりや場所づくりを手伝ってきている。2025年4月でガサキベースを閉じ、島根県江津市に拠点を移す。妻の桃子さんとともに里親として里子の一時預かりも続ける。

書き手　平田 提（ひらた・だい）

1983年、秋田県生まれ。文筆家・ウェブ編集者。株式会社TOGL代表取締役。2023年より兵庫県尼崎市武庫元町で「つくれる本屋」DIY BOOKSを開店。ライターとして主にウェブ媒体に寄稿する傍ら、ZINEづくりを2010年ごろからスタート。編集やスクール事業を通して、企業のコミュニケーションや個人のZINE制作など表現のサポートを行っている。

木ひっこぬいてたら、家もらった。

二〇二五年三月三十一日　初版

著者・発行者・装画　平田 提
表紙デザイン　平田 幸
発行所　DIY BOOKS（株式会社TOGL）
兵庫県尼崎市武庫元町一ー二十七ー五
電話　070-8384-2188
URL　https://diybooks.jp

印刷・製本　大和出版印刷株式会社

ISBN 978-4-9914014-0-4

著者をサポートする

著者のニュースレターを購読

9784991401404
1920036016006
ISBN978-4-9914014-0-4
C0036 ¥1600E
定価　本体 1,600円(税別)

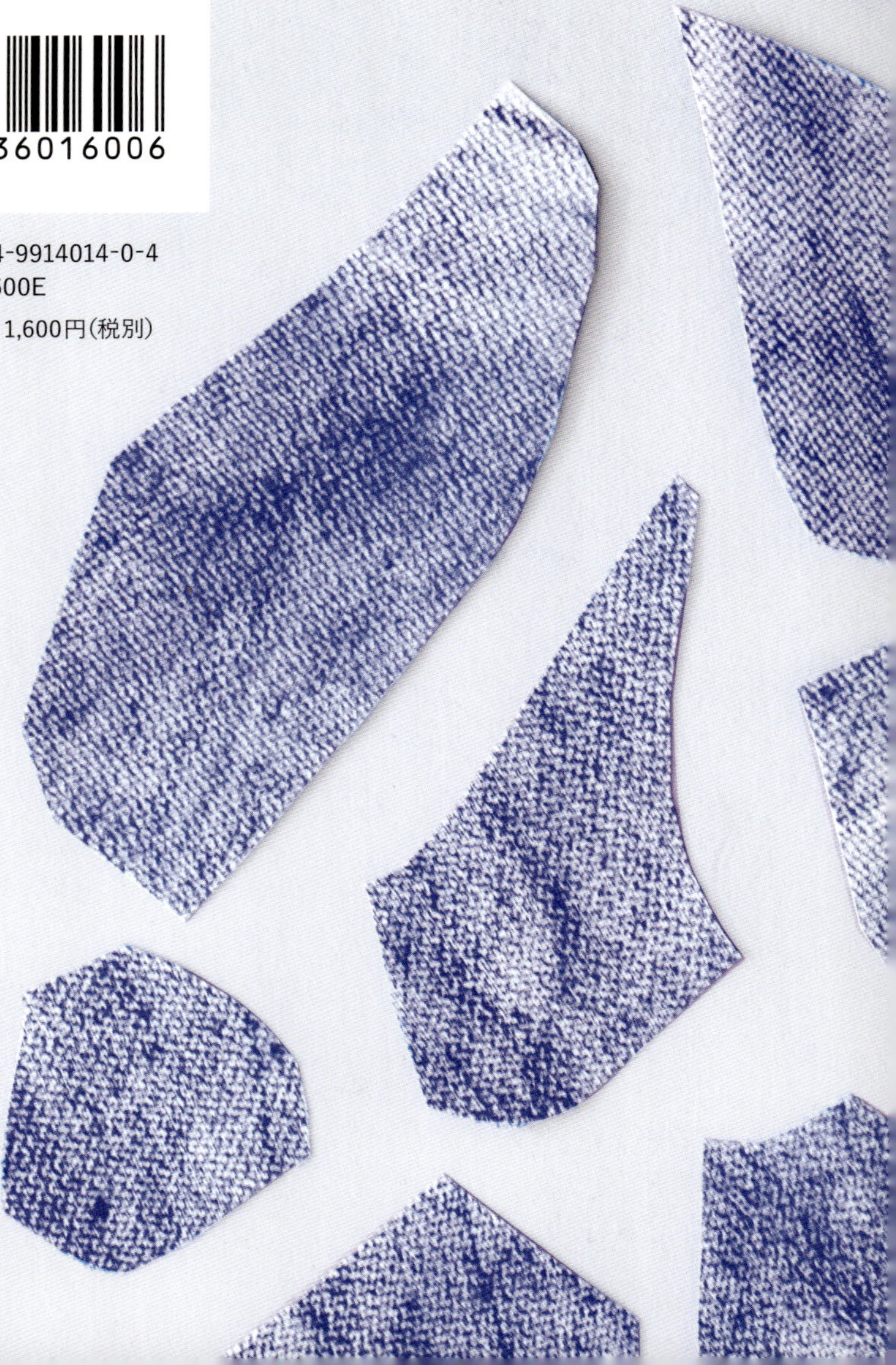